アイドル受験戦記

SKE48をやめた私が数学0点から偏差値69の国立大学に入るまで

菅なな子

文藝春秋

アイドル受験戦記

SKE48をやめた私が数学0点から偏差値69の国立大学に入るまで

目次

第5章 本格的な受験生活へ

第6章 髪を切り、スマホをガラケーに

装幀 上楽 藍
写真 根本好伸
構成 髙橋大介

アイドル受験戦記

SKE48をやめた私が数学0点から偏差値69の国立大学に入るまで

プロローグ

私が走ったほうが速いんじゃないか――。

そう思ってしまうほど、地下鉄はのろのろとしか進んでくれない。

はやる気持ちがおさえられない。どうこの時間をやり過ごしたらいい？

つい昨日まで、電車に乗っている間は勉強する時間だった。でももう、英単語も古文の単語も、世界史の年号だって、覚えなくちゃいけないことは、私には何一つなかった。

右手に握りしめているケータイ――私の年頃でこんなガラケーを持っている人はまず見かけない――は電池切れで、時間つぶしには役立たない。どうして今日に限ってきちんと充電してこなかったのだろう？

そもそも、ケータイの電池が切れたせいで母に連絡が取れず、こうして焦りながら家に向かっているのだった。

この時から一年三カ月前――二〇一三年十二月二十二日まで、私はＡＫＢ48グループのＳＫＥ48に所属するアイドルだった。
名古屋の普通高校に通いながら、レッスンとＳＫＥ48劇場での公演に追われる日々を送っていた。選抜メンバーにも選ばれて、全国でのコンサートに参加して、東京でテレビに出演し、新曲のプロモーションビデオ撮影では海外にも行った。二〇一二年の大晦日にはあの『紅白歌合戦』のステージにも立っていた。

目が回るように忙しくて、でも今思い返しても夢のように楽しくて充実した日々だった。

けれど——芸能活動に力を注げば注ぐほど、勉強はおろそかになっていた。

高二への進級は、出席日数不足とテストの赤点でギリギリだったし、いっそ高校を中退して芸能活動に専念したほうがいいのではないかと思ったこともある。だって、へとへとになりながら授業に出ても、内容についていけずに寝てしまうこともしばしばだったから。

悩んだり家族に相談したりした末に、私はＳＫＥ48をやめることにした。大学進学を決めたのだ。第一志望は国立名古屋大学経済学部。偏差値は69。本格的に勉強を始めた当初の模試で「偏差値43」という結果だったことを考えると、いかにも無謀な挑戦だった。何しろ、高二の冬だというのに、be動詞のおさらいから英語の勉強をやり直していたくらいだったのだ。
受験本番までは、時間は一年と少ししか残っていなかった。
私は、とにかくこれからは誰よりも勉強しようということだけは決めていた。

第1章

私がアイドルに？

深夜番組の告知

「なんなんも出てみれば～？」

兄のそんな一言がきっかけだった。

そのときの私は、名古屋の普通の中学三年生だった。

二〇一一年九月、他の家族が寝静まった深夜のリビングで、私と兄はＡＫＢ48が出ているバラエティー番組『ＡＫＢＩＮＧＯ！』（日本テレビ系）を観ていた。

少し前に出たＡＫＢ48の新曲『フライングゲット』が大ヒット中。この年は五枚のシングルがミリオンセラーになったりして、ＡＫＢ48人気がまさに爆発している頃だった。

私もそんなＡＫＢ48が気になり始めた頃で、テレビでグループが出ている番組をチェックするようになっていた。その中でも、当時センターを務めていた前田敦子さんは顔も声も可愛くて好きだった。小学一年生からダンスを習ってきた私は、ＡＫＢ48の歌とダンスを観るのも楽しくて、毎週夜更かしをして、兄と二人でこの番組を観ていたのである。

毎週、ＡＫＢ48のメンバーがデートなどの決められたシチュエーションでの私服コーディネートでセンスを競ったり、料理対決をする企画で笑っているだけだったけど、その週の放送にはちょっとした違いがあった。

ＡＫＢ48グループの中で名古屋を本拠地とするＳＫＥ48の「第五期生オーディション」の告知が流れたのだ。

いまでは福岡（ＨＫＴ48）、新潟（ＮＧＴ48）に加え、海外ではジャカルタ（ＪＫＴ48）、上海（ＳＮＨ48）まで増えたＡＫＢ48グループだけど、当時は東京のＡＫＢ48のほかは、名古屋にＳＫＥ48、大阪にＮＭＢ48があるだけだった。

私が住んでいる名古屋にＳＫＥ48が結成されたのは〇八年のこと。ＡＫＢ48本体のシングル選抜メンバーにも抜擢されていた松井珠理奈さんと松井玲奈さんの「Ｗ松井」や、ＳＫＥ48はダンスの激しさが特徴なことくらいは知っていたけど、それ以上はほとんど何も知らなかった。

「やってみなよ」

ニヤッと笑った兄が、調子のいい言葉を繰り返した。

「なんなんなら、いけるでしょ」

三人きょうだいの真ん中、兄と弟に挟まれて育った私。サッカー、スイミング、剣道など、兄が始めたことはすぐに「私もやる！」とその背中を追いかけてきた。そんな私を可愛がってくれる兄は、今でも私を子供の頃と同じように「なんなん」と呼んでいるのだ。少しシスコンチック？　と思ったりもするけど、私もブラコン要素があるのかもしれない……。

それはともかく、兄は私に、あのＳＫＥ48のオーディションを受けてみなよ、と畳みかけてきた。

アイドルになる⁉　この私が？

「なれるって」

私は誰かに言われると、すぐその気になるタチだ。深夜で妙なテンションになっていたのかもしれない。

「そうかな〜いけるかも〜」

なんて軽口を叩いて兄と盛り上がっていた。

考えたこともなかった

その時まで、アイドルになりたいなんて考えたこともなかった。AKB48は東京で活躍しているアイドルで、中学生の私には遠い遠い存在だった。

でもSKE48なら地元のアイドルじゃないか。

それにもしかして、SKE48に入れたら、大好きなダンスのレッスン代や衣装代がいらなくなるんじゃ？　衣装を作るための生地を探しに行ったり、母に頼んで衣装を作ってもらう必要もなくなる。そしてステージで踊るという自分の大好きなことがいっぱいできる！　それって最高なのでは？

とまあ、今から思えば恥ずかしくなるほど、深く考えず覚悟もないまま、私はSKE48の五期生オーディションにとりあえず応募してみることにしたのだった。

私の家は自動車メーカーに勤める父と専業主婦の母、三歳上の兄と、二歳下の弟の五人家族だ。

私は名古屋市郊外の公立中学に通う三年生で、周りの同級生と同じように、自分の成績に見合う県立高校を普通に受験しようと思っていた。中学の成績は中の上で、五段階評価の成績表では「4」が多かった（大学受験のころと違って、当時は理数系科目にも苦手意識はなかった)。つまり、勉強がすごくできるわけでもできないわけでもない、我ながら特徴のない、いたって普通の中学生だった。

中学の部活動は兄の影響で、小学校のときに始めた剣道。部活動以外にも近所の道場に通って稽古をしていた。筋も良いと褒められたので稽古に精を出し、中三の頃には二段になっていた。

夢は安室ちゃんのバックダンサー

そしてもう一つ、小学校から続けていたのがダンスだった。小さい頃から身体を動かすのがとにかく好きだった。まだ一歳二カ月くらいの頃、家族でハワイ旅行に出かけたときのこと。ビーチでパーティーをしていた人たちが流すラジカセの音楽に合わせて、私は急に手足を動かして踊り始め、母たちをビックリさせたそうだ。

小学校一年生でヒップホップダンスのスクールに通い始めて、途中でジャズダンスを習った。ジャズダンスで使う動きを鍛えるために、クラシックバレエを少しかじったこともある。それくらいダンスには夢中になって、一生懸命打ち込んできた。ダンススクールの発表会のステージにも出たし、全国大会でベスト8に入ってチームのメンバーと飛び上がって喜んだりもした。

ダンスは純粋に、音に合わせて身体を動かしていること自体が楽しくてしょうがない。踊っているときは頭が空っぽになって、周りの世界が止まっているように感じる。そんな感覚は、日常では味わえない快感だ。

練習では鏡で自分の動きをチェックして、その曲を極めていく過程が楽しいし、本番のステージでは観客が驚くほど良く見えるので、自分を見ている人がいると、気分がぐっと高揚する。

そんな私の夢は、小学生の時は「安室（奈美恵）ちゃんのバックダンサーになる！」だった。

けれど周りに影響されやすく、すぐその気になってしまう私は、その後、夢がコロコロと変わった。

中学生になると、綾瀬はるかさんがOL役のドラマ『ホタルノヒカリ』を観て、会社でイベントの企画を立てたり、準備をしたりしてバリバリ働いている女の人がすごくかっこいいと思った。「どういう仕事に就けば、ああいう仕事ができるの？」父に聞いたりもした。

SKE48のオーディションに応募することを決めた中三のときには、中学校の教師になりたいと思っていた。

中二のときの担任だった二十代半ばの女の先生がすごく熱い人で、文化祭や体育祭などイベントになると、クラスのみんなを盛り上げて引っ張っていってくれる人だった。いつも生徒のことを思っていて、親身になってくれる先生が大好きで、給食の時間には隣に座って恋バナをしたり、何でも話した。

私は男の子に対して、けっこうすぐに「いいな！」と熱くなってしまうほうなのだが、うまくいってくるとなぜか急に冷めてしまうところがあった。そんな話をすると、先生は笑いながら「いやー、アンタに恋は向いてないよ」なんて言うのだった。私も生徒が何でも相談できるような先生になりたい！

だから、アイドルになるなんて、少しも考えたことはなかった。

人生はじめてのオーディション

SKE48のオーディションに応募しようと思うということは、まず両親に伝えてみた。

すると、特に反対はなかった。というより、反応がほとんどなかった。

母は「あ、そう」というくらい。本当に応募するとは思っていなかったらしい。

父は「へー、面白そうだね」と母よりは興味を持っている口ぶりだったけど、いい思い出作りくらいにしか思っていないようだった。どうせ受かるわけない、と高を括っている気配が伝わってきた。

こりゃ、全然本気にしてないな……。まあ、あんまり期待されるよりはいいんだけど。でも、もしいいところまでいったら驚くだろうな。

そう思いながらも、深夜に兄と盛り上がっていたときほどの威勢はなくなっていた。応募に必要な全身とバストアップの写真は、自分の部屋でコソコソと撮った。でも、応募用紙に書く自己PR文がなかなかまとまらず、投函できたのは締め切り日ギリギリだった。

どうせダメだろうと思っていると、なんと最初の書類審査に通った。

ヤッター！　それだけでかなりテンションが上がってしまっている自分がいた。後で聞いた話では、五千九百八十八名の応募があったそうだ。オーディションを勧めた兄も「え、通ったの？」とビックリしていた。「受かるよ！」なんて調子の良いこと言ってたくせに！

二次審査のとき

書類審査を通過すると、二次審査は集団面接だった。会場は名古屋一の繁華街・栄にあるSKE48劇場。毎日、SKE48の公演が行われているホームグラウンドだ。

買い物で出かけたときなどに劇場の前を通ることはあったが、中に入るのは初めてだった。

その日の私は、やっぱアイドルって大人しくて可愛い感じだよね！　と思い、いつものジーパンや、ヒップホップ系の派手なTシャツスタイルを封印して、清楚風でいこう！と、クリーム色のカーディガンと緑のチェック柄のスカートにベレー帽を被って臨んでいた。おずおずと入ってみると、劇場には客席がなく、そこが面接会場になっていた。

五人ほどの審査員が座っていた。その正面に五人の受験者が並んで立って一人二分くらいずつ自己PRをして、審査員からの質問に答えるという流れだった。

人生はじめてのオーディション。もちろん緊張したけれど、中学で生徒会長をやったこともあり、私には人前でしゃべることに対する根拠のない自信があった。終わったあとも、モジモジせずに話せたからよし！　と自己満足に浸っていた。

カラオケボックスで練習

電話がかかってきた。二次審査通過と、最終審査の連絡だった。

キター！

最終審査はダンスと歌唱審査が行われるという。よし！　ダンス審査はもらった！　最終審査で自信のあるダンスをアピールできるのは、私にとって、ものすごくラッキーだった。

ダンスはいい。しかし不安なのは歌唱審査だ……。

それぞれ自分の好きな曲を歌うということで、私はいきものがかりの『気まぐれロマンティック』を選んだ。私はそれまでカラオケに行ったのも家族で二、三回くらいで、歌える曲がほとんどなかった。

でも、この曲は主題歌になっていたドラマを観ていたので歌えそうだった。なによりアップテンポな曲なので、歌のうまさ、ヘタさがシビアに表れないだろうと思ったのだ。

最終審査まで、何度か父に付き合ってもらって、家の近所のカラオケボックスに通って練習した。一回二時間を歌い通しで、ひたすらこの曲だけを歌い続けた。聴いている父も「身振り、手振りつけたほうが印象に残るよ」なんて熱心にアドバイスをくれて、そんな歌手みたいなこと、いきなりできるか！　と恥ずかしかったけど、素直にそのアドバイスに従うことにした。

そして最終審査当日の二〇一一年十月十六日——。本番前に声を出しておこうと、父の運転する車で早めに栄に出て、カラオケボックスで一時間歌ってから審査会場に入った。

今思えば、歌はよっぽどひどくなければ大丈夫だったと思う。ＳＫＥ48の場合、歌はみんなで歌うのだから。それよりもダンスのほうが一人ひとり見えるものだから重要だったんじゃないだろうか。だけど当時の私はそんなことは思いもしなかった。

「SKE48で好きな曲は?」

栄にある大きなダンススタジオで行われた最終審査には、八十四名が残っていた。私はこの日のために栄のＰＡＲＣＯで買った勝負服を着て行った。ちょっと大人びて見える濃い赤と黒のワンピースだ。

ダンス審査の課題曲はAKB48の『フライングゲット』。曲の振付を講師から教わると、審査まで一時間ほどの練習時間が与えられた。私は振付をすぐ覚えてしまったので、不安そうにしていた年下の子に教えてあげるとすごく喜んでくれた。本番も笑顔が大事！　と表情に気を配る余裕があるほど楽しんでできた。

ダンス審査が終わると、控室から全員が審査会場に呼び出されて、歌唱審査に進める通過者の番号が読み上げられた。

会場は参加者の喜ぶ声でザワザワと揺れた。

私は振付も間違えなかったし、笑顔も作れたし、ダンス審査で落ちるわけがない！　と思っていた。その自信どおり、私の番号もちゃんと呼ばれた。

八十四人の参加者は五十人ほどに減って、続いて歌唱審査になった。

マイクで話すので、待っている間も前の番の子の面接の様子が聞こえてくる。審査員からこんな質問が出ていた。

「SKE48で好きな曲は何？」

マズい！

AKB48の曲は知っていたけど、SKE48のほうはほとんど知らなかった。慌ててケータイでＳＫＥ48ファンの子に連絡して、その子の好きな曲と、訊かれたらマズいと思って好きな理由も教えてもらって、何とか急ごしらえで準備をした。待っている間、前の子たちの歌を聴きながら、こんなに上手くないとダメなら私はムリ！　とか、この子くらいで大丈夫なら、私の歌でもなんとかいけそうだ、なんてことを考えていた。

自分の番になった。会場にはテレビカメラも入っていて、空気がピリピリと張りつめている。ズラッと十人くらい並ぶ審査員。進行役は若い男性だったが、他の人たちにはけっこう地位の高そうな雰囲気の人もいた。マネージャーさんやレコード会社の人たちだろうか。

剣道は二段です！

その中にＡＫＢ48プロデューサーの秋元康さんもいた。

うわー、本当にいますよ！

秋元さんの「出現」に一気に緊張感が増した。歌唱審査は秋元さんが手を挙げたらストップして、そこから最終面接となる。

♪ダーリン　ダーリン　心の扉を　壊してよ
『気まぐれロマンティック』の一番が終わったところで秋元さんの手が挙がった。すると審査員からこんな言葉をかけられた。

「剣道四段なんですね」

え？　応募書類には二段と書いたつもりだったので、すぐに、

「二段です！」

と答えると、審査員たちから、アハハと笑いが起こった。どうも私がムキになって言い返した感じがおかしかったらしい。

一瞬ヤバイ！　と思ったが、審査会場の空気がすごく柔らかくなったのを感じた。そのやり取りのおかげで緊張が解けて普通に喋ることができた。

でも一つだけ気になることがあった。

歌唱審査から面接の間、秋元さんがずっと下を向いていて、一度も顔を上げなかったのだ。

私に全然興味がなさそうだな。これは落ちたのかも……。

最終審査は朝から始まって、夜までかかった。最後に歌唱審査まで残った約五十人が、撮影用の背景が置かれた場所にダーッと並べられた。テレビカメラが回る中で、合格者の番号が読み上げられていく。ピーンと張り詰めた空気の中、合格した子も落ちた子たちを前に、そんなに派手には喜んでいなかった。

私の番号は七十八で最後のほうだ。読み上げられる番号の数字が段々上がっていく。

どうかな、どうかな、ドキドキと心臓の鼓動も速く高くなっていく……。

「七十八番！」

私の番号が呼ばれた。

ヤッター！

合格者十六人の最後だった。

その瞬間の気持ちは夢がかなった、というよりは勝負に勝ったという感覚だった。もともと芸能界志望ではなかった私にとって、このオーディションは純粋に一つの挑戦だったのだ。受かったあとのことは何も考えていなかった。すぐにその場で記者会見があったが、私は何をしゃべったのか、そのときのことは全く覚えていない――。

人生がこれで変わる

丸一日かかった最終審査が終わり、会場を出ると外は真っ暗だった。

父と一緒に車を停めた駐車場まで歩いていた。二人で「いやー、受かっちゃったね」なんて話をしていると、父がポツリと言った。

「なな子の人生、これで変わるよ」

その意味は私にもわかった。

アイドルになるということ。それは中学三年生である私の進路が大きく変わるということだ。中三になったころから塾にも通い始めて、できるだけレベルの高い高校に行きたいと思っていた。でもこれから芸能活動をしていく以上、目指す高校も変わるし、その後の進路も変わってくるのだ。

父のその一言で、私の覚悟が決まった。

翌日のスポーツ紙に合格者の集合写真が載っていた。言葉で説明するのも恥ずかしくて、私は担任の先生に「こんな感じになったんですけど……」とその記事を見せて伝えた。先生は「すごいね！」と喜んでくれた。それを見ていた友達が「どうしたの？」と訊いてきたのでこっそりと説明すると「エー!!」と大声を上げた。

ちょうど高校受験の志望校を決める時期だった。

ＳＫＥ48に受かったときから、本格的な受験勉強はもう無理だなと思っていた。これから毎日、ステージに立つ実力をつけるためのレッスンが始まる。

公立の一般受験から、推薦入試で行ける私立へと志望を急変更した。父も学校の資料などを集めて一緒に考えてくれた。

その中で中京大学附属中京高校に決めたのは、学校が自宅とＳＫＥ48のレッスン場の中間にあったこと。そして、学力的にもちょうど私が狙えるレベルで、そのまま中京大学に内部進学できたらいいなという思いもあった。

しかも、この学校にはフィギュアスケートの浅田真央さんなど、スポーツで活躍する先輩がたくさんいた。私の芸能活動への理解もあるのではないかと思った。中学の担任の先生に中京大中京に進みたいと伝えると、高校に芸能活動ができるかどうか相談に行ってくれた。

第2章

選抜メンバー入り、でも多難な学校生活

放課後は毎日レッスン

ＳＫＥ48での活動を始めると、私の生活は大きく変わった。

ＳＫＥ48の場合、オーディションに受かっても、最初は正規メンバーではなくて「研究生」という扱いになる。

研究生といっても、ＳＫＥ48劇場や他のイベントなどで、お客さんの前でステージには立つ。正規メンバーが他の仕事で劇場公演に出られないときに、そのポジションで代わりに踊ったり、研究生だけで行う「研究生公演」もあるのだ。

そこで運営側に活躍が認められれば正規メンバーに昇格となる。

ずっと研究生から正規メンバーに昇格できず、アイドルとは別の道に進んでいく子もいる。なにせ人数が多いＡＫＢ48グループなので、そこで目立つためには本当に大変な努力をしなければならなかったのだ。

学校が終わると、ほぼ毎日レッスンという日々が始まった。

電車に乗って一時間くらいかけて、栄の近くのレッスン場に通う。夕方から三時間くらい歌やダンスのレッスンを受けた。

ダンスの先生は二十代の女性でスパルタ式だった。

「できてない！」「もう一回！」。私たち五期生のお披露目のステージが近づくと、さらにレッスンは厳しくなっていった。

私は小さい頃からのダンスの先生が厳しかったので慣れていたし、ダンスに関して個人的に怒られることはあまりなかった。苦手な子にとっては、そのレッスンについていくのはかなり大変だったと思う。でも、レッスン後にみんなで自主練習をしたり、いろんなところから集まってきたメンバーがダンスを通して絆を深め、仲間になっていった。

同期のメンバーの中では、私より一歳上の藤本美月ちゃんがリーダー気質のしっかりした子（器械体操の経験をいかして、のちに紅白歌合戦の本番で側転やバク宙を決める鉄の心臓の持ち主）で、自然と他の研究生を引っ張るようになった。私はダンスの苦手な子に教える役回りだった。

毎晩、家に帰るのは十時頃になっていた。母がレッスン場まで車で迎えに来てくれることもあった。終わるとクタクタになって、夕ご飯を食べずに寝てしまうことも多かった。

サイドポニー

オーディションから一カ月後の十一月二十六、二十七日には、ファンが好きな曲を投票して、人気の曲を歌う「リクエストアワー」というコンサートがあり、そこが五期生のお披露目の場となった。

名古屋のセンチュリーホールという大きな会場には、約三千人のお客さんが入っていた。ダンスの発表会でステージに立つことには慣れていた私も、発表会とは比べ物にならない、ファンの数に圧倒されていた。研究生という見習いの立場の私たちは、先輩の名前が書いてある衣裳を借りてステージに立った。本物のアイドルが着た衣裳に袖を通したとき、あぁ、これからアイドルをやるんだと実感が湧いた。

紺のブレザーに赤のリボン、赤紺のタータンチェックのスカートの制服スタイル。髪は束を左側にまとめた「サイドポニー」。

SKE48のメンバーはメイクは自分でやり、髪型はヘアメイクさんがセットしてくれる。メイクはそれまでダンスのステージのときにアイラインを強く描く舞台メイクは自分でやっていたが、それよりもナチュラルなSKE48用のメイクは当時読んでいた『セブンティーン』などを参考にした。

「サイドポニー」はヘアメイクさんの考案だった。SKE48は大所帯なのでヘアメイクさんは大変だ。ステージ前は工場のベルトコンベアーの作業のようにメンバーの髪をどんどん片づけていく。

私の場合はプロフィール写真を撮影するときに、ヘアメイクさんは私を見るなり、「あ〜、サイドポニー似合いそう。やろう！」と私の髪を引っ張ってまとめ始めた。

いててて！ ポニーテールは目が吊り上がるくらい強く引っ張るのでかなり痛いのだ。新人は顔を覚えられるまでは髪型をチェンジできない。私は毎回、目が吊り上がらないように頬を押さえながら、この痛みに耐えた。次第にこの痛みがステージに立つ前の「気合いのスイッチ」になっていった。

その五期生の最初のステージで、ダンスが得意だった私は、真ん中で踊る「センター」をいきなり任された。ビックリしたが、とても光栄なことでうれしかった。

曲はAKB48の『大声ダイヤモンド』。私が好きな前田敦子さんと、SKE48の松井珠理奈さんがWセンターを務めた曲だ。みんなものすごく緊張していた。ステージの袖でスタンバイしているときには、泣きそうな顔になっている子もいた。

♪大好きだ　君が　大好きだ　僕は全力で走る

私も一度、このサビのところで振付が飛んでしまった。ヤバい！　なんとかごまかした。でも周りのメンバーがあまりにも緊張していて、センターの私はしっかりしなきゃと自分に言い聞かせ、割合冷静でいられた。

なな子ろびやおき

曲が終わって、一人ひとりが自己紹介した。

私の番が来た。

「なな子ろびやおき、どんな時でもめげずにfight！　五期生十五歳のなんなんこと菅ななな子です！」

私がキャッチフレーズにした「なな子ろびやおき」は母のアイデアだ。

ＳＫＥ48のメンバーはみな、ステージでの自己紹介フレーズを持っている。私もオーディションに合格すると、スタッフからすぐに考えるように言われたが、何がいいか悩んでいた。

そんなとき母から「『七転び八起き』っていうのはどう？」と言われ、それだ！　と飛びついた。

もっとアイドルっぽい甘いキャッチフレーズにしようかと思わないでもなかったけど、やめた今になってみると、ベタなダジャレではあるがブリッコ過ぎない「なな子ろびやおき」は案外、黒歴史にならなくて済んだのではなかろうか……。

「なんなん」はそもそも、私が幼い時に自分の名前の「ななこ」が言えず、「なんなん」と言っていたことから、家族が呼ぶようになったものだ。中学生くらいまではそれが恥ずかしくて、外で弟が私を「なんなん」と呼ぼうものなら、すごい剣幕で怒った。恥ずかしかったが何か愛称をつけるなら、これしかないだろう！　アイドルなら許されるだろう！と開き直って、「なんなん」をオフィシャルの愛称にした。

緊張しながらも自己紹介を済ませると「なんな〜ん！」と名前を呼んでくれるファンもいた。オーディションの様子や、研究生のプロフィール写真などがすでに発表されていたこともあり、ファンの中ではもうチェックが進んでいたようだ。

私の名前を叫んでくれる人がいる！　ものすごく感激したのと同時に、ああ、私は本当にこんな大きなステージに立っているんだ！　と興奮していた。

この二週間後には、中部国際空港セントレアで、研究生たちだけのライブを行った。飲食店が並ぶ四階のイベントフロアにはたくさんのファンが集まっていた。

ところが最初の曲『オキドキ』の途中で音楽が止まるというハプニングが発生。みんなの動きが一瞬、止まりかけたが先輩の研究生が引っ張ってくれて、私たちはアカペラで歌い続けた。ファンの人たちも研究生を支えてくれるように手拍子で一緒に歌ってくれて、とってもうれしかった。

そんなふうに、いろんなハプニングを乗り越えながら、私たちはだんだんとステージで堂々と歌い、踊ることができるようになっていった。

ＳＫＥ48に入って最初の頃の私の活動は、こんなにうまくいっていいの⁉　と思うくらい、順調だったと思う。何より小さいころからダンスを習っていたのが大きかった。

ＡＫＢ48グループの中でも、ダンスの激しさが特徴のＳＫＥ48なので、振付は難しかった。歌やアイドル活動への関心が強い子はみんなダンスを覚えるのに苦労していた。レッスンでも怒られるのはダンスの苦手な子が多かった。

もちろん私も注意された。表情が硬いということだった。写真を撮るときによく言われた。小さい頃にダンスを習っていたときも、表情を出すのは苦手だったのだ。それからは他のメンバーの表情を見て参考にしたり、鏡を見ては、いろいろな表情を作る練習をした。

始業式も欠席

中京大中京高校へは内申書と英数国の学科試験、最後に面接試験で無事に推薦合格となり、二〇一二年春、私は高校生になった。

ところが始業式の日から、いきなりSKE48のテレビの収録で欠席になってしまい、友達を作り損ねてしまった。初日にいないというのは、なかなかのハンデだ。ようやく登校すると、SKE48の子が学校にいるらしいということはバレていて、休み時間になると教室の外の廊下に人が集まることがあった。

だが、私はその子たちになかなか見つからなかった。SKE48の活動で疲れていて、机につっぷして寝ていたからだ。マスクをしていたせいもあるかもしれない。

アイドル時代の自撮り集。
いちばん下がサイドポニー

SKE48の活動のときにはメイクをしている。そんなに派手なメイクではなかったとは思うが、それでもスッピン顔は極力見せたくないという気持ちが、高一の私にはすでにあった。そんな調子で始まった高校生活だったが、時間が経つと一人、二人と友達はできていった。

アイドルになったんだ

それでも当時の生活の中心は、やっぱりSKE48だった。

学校が終わるとレッスン場に直行して、夜までレッスンか、SKE48劇場に行って、公演という毎日だった。

AKB48グループには「アンダー」というシステムがあって、テレビ出演やAKB48のコンサートのため栄のSKE48劇場に出演できない正規メンバーの代わりに、研究生がステージに立つということがある。そのために研究生は正規メンバーの振付を覚えなくてはならないのだが、ダンス経験があって振り覚えの早い私は、よくアンダーとして劇場公演のステージに立っていた。だから自然、同期の研究生の中でもステージに立つ回数が多くなっていった。

ファンに街で声をかけられる、ということも経験するようになった。特に名古屋駅の辺りを歩いていると「なんなんだよね？」と声をかけられることがあった。中にはなかなか声をかける勇気がないのか、距離を保ったまましばらくついてこられるということもあって、私も話しかけることもできず、なんとも気まずい感じになってしまうこともあった。それならむしろ声をかけてくれればいいのになあと思うこともあった。まあ仕方ない、これがアイドルなんだと思うようにした。

スタッフからはメンバーで集まるときには変装しなさいとも言われていた。でもいざそうすると、マスクを着けた若い女の子の集団がいると逆に目立ってしまって、ファンによく見つけられた。ファンはケータイでさりげなくこちらを撮ろうとするので、たまに悪ノリで「こっちもやろうぜ！」とファンをケータイで撮ったりすることもあった。周りには面白い先輩や同期がたくさんいて、一緒に過ごす時間が楽しかった。

紅白歌合戦

「次のシングル、選抜だから」

高一の夏、マネージャーさんからの電話で、いきなりそう伝えられた。九月に発売されるシングル曲『キスだって左利き』の選抜メンバーに選ばれたのだ。

選抜メンバーというのはAKB48グループ独特の制度だ。たくさんいるメンバーの中で、レコーディングやテレビ出演などに参加できる人数は限られる。そこに選ばれるのが選抜メンバーだ。当時のSKE48の場合、全体で六十人くらいいるメンバーのうち、選抜は十六人。私は五期生十三人の中で、最初の選抜メンバー入りだった。

SKE48はその中でチームS、チームKⅡ、チームEの三チームに分かれており、劇場公演はチームごとに行っている。各チームのカラーは、チームSが初期メンバーが多くて、ステージでのパフォーマンスが高いプロフェッショナル系。チームKⅡがキャラが立っていて面白い子が多いタレント系。チームEはフレッシュでかわいい子が多いアイドル系という感じだろうか。ダンスの得意な私は選抜メンバーになるとほぼ同時にチームSへ昇格となり、研究生からSKE48の正規メンバーとなった。同期の中ではトントン拍子の出世だった。やっぱりダンスが認められたのだと思う。プレッシャーはあったが、もっと頑張らなきゃと燃える気持ちが強かった。

選抜メンバーになると、普段の劇場公演に加えて、雑誌の取材や撮影、東京でのテレビ収録など目が回るくらいの忙しさになった。レッスンが昼間に行われることもあり、学校を休むことが多くなってきた。一学期は欠席七、早退九だったのが、二学期になると欠席十一、早退二十三と格段に増えてきた。

そのかわり、うーんなんか芸能人みたい！　という体験をすることも増えた。『ミュージックステーション』に出演したときは、来日中のアメリカの超人気歌手、アヴリル・ラヴィーンも出演していて、ＳＫＥ48メンバーと一緒に記念写真を撮ってもらえた。そのときはものすごくテンションが上がった。あの人がいる！　この人もいる！　キョロキョロしたい気持ちを抑え、行儀良くしていた。

そしてこの二〇一二年末、ＳＫＥ48は初めてグループ単体で『紅白歌合戦』に出場することになった。初出場ということで運営側もすごく気合が入っていた。曲は『パレオはエメラルド』。振付もラインダンスでスカーフを使ったウェーブの見せ場があったりで、レッスンもみっちりと組まれた。練習が大変過ぎて泣き出す子もいた。

でも紅白という舞台に向けて、みんなでものすごく頑張ってレッスンを積んだ。

初出場グループだけの記者会見もあり、その写真が高校で配られる英字新聞に載っていて、同級生から「なな子も出てるよ」と教えてもらった。

その年の紅白の司会は嵐と堀北真希さんで、メンバー七、八人で本番の会場となるNHKホールでのリハーサルの日に挨拶に行った。もちろん、会うのは初めてだ。

ああ、こんな瞬間もう一生ないだろうな。

嵐と堀北さんのすぐ前に来たときに、そう思った。相葉くんて、生で見るとやっぱカッコいい！　櫻井翔さんが「みなさん、名古屋から来られたんですか？」と話題を振ってくれたときには、メンバーの一人だけが答えればいいところを、私もそれに紛れて「はい！」と答えていた。よし！　これで私は嵐と喋ったことになった！

大晦日の本番では、待ち時間がとても長かった。そのせいか、舞台での二分半は、ほんの一瞬という感じだった。他のメンバーもたくさんいるので緊張は特にせず、純粋にステージを楽しめた。

一日十回、ブログやメルマガの更新

地味な活動ながら、特に大変だったのが、ブログとメールマガジンの更新だ。研究生を含めて全メンバーが書く『Google＋』（一日三〜五回）、正規メンバーの『公式ブログ』（一日二〜三回）、選抜メンバーの『アメーバブログ』（一日一回）、メールマガジンの『SKE48 Mail』（一日三通）。これら全部を更新しないといけない。全部合わせると一日十回くらい文章を書かなくてはならないのだ。ノルマは決められていなかったが、応援してもらってるんだからと自分に課した。

書くネタもかぶったらかっこ悪い。私はステージでのトークは苦手だったけど、じっくり考えて文章を打つのは割と好きだったので、内容にはこだわった。その頃は日々、ブログのネタになるものが何かないか、探しながら生きている状態だった。

こんなことがあった。レッスンの合間に大阪で時間が空いたので、前から行きたかったオムライス屋さんに行こうと思いついたときがあった。苦労して場所を探し、やっと見つかったと思ったら潰れてしまっていた。

がっかりした次の瞬間、不謹慎だけどこれはネタになる！　と思った。そして〈ヒマを潰すつもりが、店が潰れてました〉と書いた。

何かあるたびにケータイにメモをしていた。これは短く済みそうだからメールにしよう、これは長くなりそうだからブログで、これは話したほうが伝わりやすいと思ったら、公演の自己紹介のＭＣで使ったり。

そんなふうに、一日にあった出来事を何に使うか、常に仕分けしている自分がいた。ブログは写真を付けると喜んでもらえるので、暇があれば自撮りをしていた。公式ブログは夜十時、アメーバブログが夜十一時というように毎日締切も決められていて、公演が終わって家に帰る電車の中で、クタクタの中でもケータイで打たなくてはならない。それはけっこうな負担だった。

成績はどんどん落ちていった

忙しくも充実した芸能活動のいっぽう、学校生活は前途多難だった。

学校の勉強は、選抜メンバーに入るまでは授業に出られなくても、自分で教科書を読んでテストで挽回していた。高一の一学期の成績は、五段階でほぼ「３」だった。

でも選抜メンバーになると、自分で勉強する時間も取れなくなってきた。学校に出ても寝不足のせいで授業中に寝てしまっていた。先生も芸能活動のことは理解してくれていて、「出席日数が危ないよ」といったことを教えてくれてはいた。

出席日数が十分でなかったり、定期テストで赤点を三個以上取った人は学期末に集められて「ちゃんとしろよ」と指導されるのだが、私はその指導の常連になってしまっていた。テストでは平均点の六割以下を取ってしまうと「赤点」なのだが、一年生の頃はそれでも一個か二個で踏ん張っていた。でも、選抜メンバー入りして忙しくなると、成績はどんどん落ちていった。数学などは授業に出ても、わからなくて寝てしまう有様だった。

一年生は授業日数が百八十九日。そのうち欠席が三十日で、遅刻が七、早退が四十三。学校があった日のうち、最初から最後までちゃんと学校に出ていたのは、半分余りだった。中京大中京高校では、遅刻・早退が三回で欠席一日とみなして扱われる。つまり、私の遅刻・早退は欠席十六日分に相当するので、それを合わせると私の欠席は四十六日分とみなされる。

欠席が授業日数の三分の一になると問答無用で留年だ。私はギリギリで、なんとか二年生に進級した。

第3章

悩みぬいて、SKE卒業を決断

「学校、辞めたいな」

高二の春には高校を辞めたいと考えるようになった。

学業とＳＫＥ48を両立させるのが、耐え切れないくらい苦しくなったのだ。

同期で同い年の子で、私と同じように普通の高校に通っている子が一人いたが、その子も学業と芸能活動の両立が大変そうだった。他のメンバーは高校や大学を卒業して芸能活動に専念していたり、通信制の高校に通っていたりする子がほとんどだった。

そういうメンバーたちがブログや他の活動に全ての力をつぎ込めているのに比べて、高校に通っている自分は不利なんじゃないかという意識があった。同時に、そこまで頑張っていても選抜メンバーに入れない子もいるのに、自分が選抜入りしていることに申し訳ないような気持ちもあった。もちろん精一杯やっているという自負はあったのだけれど。

芸能界で一生やっていくという考えまでは持っていなかった。でも、今は一〇〇％ＳＫＥ48に力を注ぎたいという気持ちが強くなっていて、学校を辞めたいという気持ちが、私の中でどんどん膨らんでいった。

「学校、辞めたいな」

四月のある日、最初は母に相談した。

「あきらめちゃうの？　もうちょっと頑張ってみたら？」

強い調子ではないが、母は高校中退に反対だった。母はもちろん私が忙しくしているのを見ている。夜の十一時頃に帰ってきて、そのままリビングのソファで眠りに落ちている私を見ていたし、「そんなに頑張らなくても」と心配そうに言うこともあった。学校を辞めるとなると、将来も芸能界一本でやっていかなければならないのではと不安だったようだ。

父もとりあえずは反対という反応だった。実は私の話を聞いてから、密かに高卒認定試験の資料を集めていたらしいのだが……。

どうすればいいんだろう――。小さい頃から、やりたいことにはとりあえず手を伸ばしてみるというやり方できた私だったが、このときは完全に迷っていた。忙し過ぎて、まともな思考能力も残っていなかったに違いない。

もう一人、相談してみようと思った。中学二年のときの担任の先生だ。先生には、中学のときに「教師になりたい」なんてことも相談していた。友達と一緒に、「遊びにきました」という感じで中学に行って、「実は……」と先生に悩みを打ち明けた。

するとと先生は言った。

「なな子なら、多分また他にやりたいことが見つかると思うけどな。高校を続けていたほうが、いろいろ道も見えてくると思うよ」

なな子なら頑張れる、とも言われた。

親じゃない大人に言われると、「頑張れ」という言葉も、押しつけがましくなくて、なんだか本当にできそうな気持ちになった。

私は学校を続けようという気持ちを固めた。

進級に赤信号

とはいうものの、その後も本当にしんどかった。コンサートのリハーサルでずっと東京にいて、四日連続で学校を休んだりすることもあった。学校は早退三回で一日欠席とカウントされるので、朝学校にすこしだけ行って、なんとか早退扱いにしてもらうこともあった。

高二の一学期は授業日数六十六日中、欠席が二十二日、早退が十九だった。このままのペースで行くと、高三へは進級できなくなってしまう。成績も国語の現代文、数学Ⅱ、英語Ⅱで「2」を取ってしまった。数Ⅱでは定期試験で赤点も取ってしまっていた。

タイのパタヤで私が参加した最後のシングル『賛成カワイイ!』のプロモーションビデオ(PV)を撮ったときは、高二の二学期の中間テスト期間とかぶっていた。受けられない科目もあったが、国語の古典、世界史B、数学Ⅱ、英語Ⅱのテストは何とか受けられそうだった。それだけでも受けて点数を取っておかないと、本当に進級がヤバい。飛行機やバスの中で、ずっとテスト勉強していた。

PV撮影では、メンバー個別の撮影もあって、けっこう待ち時間がある。他のメンバーは街中に買い物に出かけたりしていたが、私は一人、控え室に残って勉強していた。「なな子、行かないの?」と先輩のメンバーからも誘われたが、「私は大丈夫です」と言って教科書に向き合っていた。買い物に行けてうらやましい、なんて気持ちも湧かないほど私は追いつめられていた。

このときは古典はなんとか平均点を取ったが、数学Ⅱでは百点満点中十五点と、クラスで最下位の点を取ってしまった。

テスト期間中の睡眠時間は三時間ほど。オロナミンCを頼りに完徹することもあった。今から考えれば一番脳に良くない勉強法なのだが、何もやらずにテストを受けるよりはいいだろう、という考えだった。学校の友達からは試験範囲を教えてもらうだけでなく、ノートを写真に撮ってメールで送ってもらったり、あらゆる手段を使って勉強をしていた。

テストとコンサート

その次の、高二の二学期の期末テストも大変だった。出席日数不足や中間テストで受けられなかった科目もあって、この期末テストの結果が悪いと、いよいよ三年生に進級できなくなるというところまで私は追い詰められていた。

それなのに……。この期末テストもＳＫＥ48の横浜アリーナでのコンサートとかぶっていたのだ。

会場での前日リハーサルではステージでの立ち位置や、フォーメーションの確認など、頭に入れなくてはならないことが山ほどある。ようやくリハーサルを終えると、一人だけ

いろいろなグッズが作られた

控え室に走って戻って大急ぎで着替え、最終の新幹線で名古屋に戻って、翌日のテストを受けた。午前中にテストを終えると、「忙しそうだね」と話しかけてきたクラスメイトには「午後からコンサートなんだ。行ってくるね」と言い残して一人で横浜に戻り、コンサート本番のステージに立った。

これだけではなかった。ＡＫＢ48の新曲のカップリング曲『ＥＳＣＡＰＥ』の振付も覚えなくてはならなくて、これはＡＫＢ48史上、最も難しいダンスと言われていた。テスト、コンサート、振付が一気に襲ってきて、一番しんどい時期だった。私はオロナミンＣの効果を信じて乗り切っていた。

アイドルとしての限界

それこそ死ぬような思いをして学校と両立させていた芸能活動だが、実のところ、高二の二学期に入った頃には、アイドルとしての自分の限界を感じ始めていた。

私は同期の中ではダンスが一番できたということもあって、研究生から正規メンバーに昇格するのが一番早くて、シングルの選抜メンバーに入ったのも最初だった。

それでも周りのメンバーを見渡してみると、アイドルとして私よりもずっとすごいと思う子はたくさんいた。

同期で同い年、一緒に正規メンバーに昇格した古畑奈和ちゃんは特にそう感じた子だ。歌がうまくて、顔もかわいいし、表情も豊かで表現力もある。彼女自身、アイドルが大好きで研究熱心で、芸能活動に一生を賭ける覚悟でいた。カエルと喋るような不思議ちゃんキャラも彼女の強みだ。

ここで触れておくと、私のＳＫＥ48でのキャラは「ロボ女」だった。父がロボットの開発をするエンジニアだったので、小学校四年生のときに簡単なロボットのキットをもらって、父に教わりながら自分で作ったことがあった。パソコンでプログラミングして、手足にいろんな動きをつけられるロボットだ。

あるときブログで〈そういえば昔、こんなのを作りました〉とロボットの写真を載せたら、〈すごい！〉とファンから反応が返ってきた。ＳＫＥ48の運営側もロボットを操る女の子というのは面白いと思ったらしく、テレビのバラエティー番組や取材のときには、そのキャラをプッシュされることになった。

ちょうど私が所属していた時期はＳＫＥ48が全国的にもメジャーになってきた頃で、バラエティー番組に出ると「こんな面白い子がいます」とメンバーの紹介をするような内容が多かったのだ。

フジテレビの『ＳＭＡＰ×ＳＭＡＰ』のビストロスマップに出演したときも、私は「ななロボ」と名付けた自作のロボットを紹介することになった。スタジオでＳＫＥ48のメンバーはもちろん、ＳＭＡＰのメンバー全員がじっと見守る中、ななロボを操作する。

「腕立て伏せをします！」

そう宣言してコントローラーを動かした。仁王立ちしていたななロボが両手を床につけた。よしよし、いい感じだ。そこから両脚を後ろに伸ばして……。と思ったら、ゴロンとバランスを崩して転んでしまった。

ＳＭＡＰの前で……

「あれ！　どうしちゃったの？」

進行役の中居正広さんが私にツッコんでくる。

頭が真っ白になった。どうしちゃったの？　と言いたいのは私だ。

さっきまではちゃんと動いたのになんで⁉

私は放送事故にならないように、努めて冷静を装った。

「バッテリーが切れちゃったみたいで……」

「本番前にちゃんと新しいのに替えとけよ〜」

とっさに出た言い訳に、中居さんがまたツッコんでくる。観覧席から起こった笑い声も、テンパっている私には聞こえていなかった。

すぐにスタジオの隅でななロボの調整をすることになった。ヤバい。こんなに私が注目されてるコーナーなのに。なんとか調整を終えて再挑戦すると、ななロボは無事腕立て伏せをやってくれた。

だが一番の見せ場はこれからだった。ななロボにＳＭＡＰの『世界に一つだけの花』のサビの振付をやらせるため、前日の夜、ホテルの部屋で徹夜でプログラミングをしてきたのだ。

だが……、ななロボの動きが速すぎて、曲のスピードに合わない。何回かやらせたがダメでグダグダになってしまった。結局、控室で半泣きになりながら再調整をして、試食タイムの中でなんとか成功させることができた。

放送を観た知り合いは、「バラエティー番組的には、面白い感じになっていたよ」なんて言っていたが、私のせいで収録の時間が押してしまい、ただただ申し訳ないという気持ちだった。

悔しい、とは思えない

みんな自分のキャラを掘り起こそうと必死で努力している。私は学業とSKE48の活動を両立させるのに精一杯で、アイドルとしての自分を磨く努力が他の子たちに負けているような気がしていた。そんな中で選抜メンバー入りしているのが、他の子に申し訳ない気持ちもあった。

でも、だんだんと同期の子のポジションが上がってきた。私はそれまで選抜メンバー入り、正規メンバー昇格と周囲から見れば順調過ぎるほどの活動だったが、それからは停滞していると感じていた。選抜にいる人はみな強い個性や魅力を持っていた。ダンスがうまいなんて人は私のほかにいくらでもいた。ファンに対して、どうして私を応援してくれるんだろう？　と思うこともあった。また、他のAKB48グループのメンバーたちと積極的にコミュニケーションを取っているメンバーは、その子たちのブログにも登場するなど、露出する場が広がっていた。私はその点、自分の殻に閉じこもりがちだった。

今から思えば、仕事をする上でコミュニケーションは本当に大事だと思うのだが、その頃は歌やダンスなど、アイドルとしての技量を磨くことを頑張っていればそれでいいんだという意識だった。

悔しい、という気持ちがもっと強くあれば、それでもアイドルを頑張り続けていられたのかもしれない。ＡＫＢ48グループは年に一度の総選挙で知られるように、順位付けをして、推しメン（応援するメンバー）を持つファンを巻き込んで、あからさまにライバル意識をあおって切磋琢磨するグループだ。

私も表面上は、同期に対するライバル意識みたいなことを口にしていた。でも、一緒に研究生公演をやっていた同期が正規メンバーに昇格することを素直に喜んでいたのが実際のところだった。一生芸能界でやっていく、という覚悟のもとにグループ入りしたわけでもなかった。

自分の伸びしろを考えたときに、もう潮時かなという気持ちが大きくなっていった。

うん。大学に行こう

その頃、父と進路について話すことがあった。それまでも父は夕飯を一緒に食べるときなどに、仕事の話をしてくれることがよくあった。管理職になった父はマネジメントに関する本を会社からもらってくることも多くて、私も父の書棚から面白そうな本を借りて読むことがあった。

新渡戸稲造が日本のサムライの考えを海外に紹介した『武士道』もあったりして、剣道をやっていた私はそれに手を伸ばしたりもした。父から聞く仕事の話は、興味をそそられることも多くて、私は会社で働くということに魅力を感じていた。

アイドルはマネージャーがいて、商品としてこうやりなさいとマネジメントされるが、私は自分でマネジメントする側だったり、商品やアイデアをゼロからかたちにすることに魅力を感じるようになっていた。

ＳＫＥ48の新曲を作るときにも、曲を作る人や、歌う私たちの他に、それをどう効果的に宣伝していくかということを考えるスタッフがいる。『ＳＭＡＰ×ＳＭＡＰ』などのテレビ番組でも、出演者の後ろには、面白い番組を作るために奔走する裏方の人たちがいる。私は、そういう現場に幅広く関わっている広告代理店の仕事に興味を持ち始めていた。

父はSKE48の活動をすごく応援してくれていた。私のブログを毎日全部チェックしていたし、コンサートに来て、うちわなど私のグッズを親戚に配る分も含めて何個も買ってくれた。東京に出張に行ったときにはアイドルショップにも行ったそうだ。娘の芸能活動を楽しみながら応援してくれていた。せっかく高倍率のオーディションを通り抜けてアイドルになったんだから、芸能活動を続けてほしいという気持ちがあったようだ。

でも私がアイドルとしての状況と、広告代理店などの一般企業に就職したいという気持ちを伝えると、

「だったら、ちゃんと受験勉強をして、大学に進学したほうがいい」

というアドバイスをくれた。

うん。大学に行こう。私はそう思った。

中京大中京高校から中京大学への内部推薦は、三年間で欠席の累計が二十回以内という条件がある。私の場合、一年生を終えた段階で可能性は絶たれていた。

今は高二の二学期。受験勉強を始めるなら、少しも時間は無駄にできなかった。

私はＳＫＥ48を卒業して、受験生になる決意をした。

卒業を発表

卒業を決断すると、マネージャーさんにはすぐに伝えた。

「え、マジか⁉」

マネージャーさんは本当に驚いていた。

当時はＳＫＥ48から卒業するメンバーが立て続けに出た時期だったが、私は予想外だったようだ。

他のメンバーは運営側に相談したり、何となくそういう空気を出すのでマネージャーさんたちも察知しやすいが、私は決意を固めるまで少しもそんな感じを出さなかったので、わからなかったのだろう。

戸惑っていたマネージャーさんだったが、「将来のことをしっかり考えた上です」と伝えると納得してくれた。

十二月の初めの公演の終わりに、私は「学業専念のためにＳＫＥ48を卒業します」と発表した。

私の最後の公演は二〇一三年十二月二十二日。ホームグラウンドのＳＫＥ48劇場だった。前もってマネージャーさんから「最後の日は何の曲がやりたい？」と聞かれていた。卒業するメンバーは最後に自分の踊りたい曲を選ぶことが多い。私は突然、勝手に辞めると言った手前、そんなに盛大に送られるのは申し訳ないという気持ちがあった。

でもＳＫＥ48での活動を振り返ると、正規メンバーに昇格する前に、研究生だけで一緒に公演をやっていたときのことが思い出深かった。

この先、どうなるかもわからずに、同期の子たちと無我夢中でやっていたのがすごく楽しかった。だからマネージャーさんには、「研究生のときのメンバーで歌えたらいいですね」とだけ伝えた。

でも卒業公演の日まで、何もそれらしい動きがなかったので、ああ、これはナシなんだと思っていた。よし、いつも通りやろう。ところが当日になって、マネージャーさんから「用意してあるから」と急に言われて、え！　何やるんだろうと驚いた。

ステージの最後に、研究生時代のメンバーがワーッと出てきてくれて、いきなり「この曲を踊るよ！」と言われて、『強き者よ』を踊った。この曲は研究生時代、特に厳しくレッスンした曲だった。ダンスにキレがいる曲で、何度も何度もダメ出しをされ、泣きながら踊る子や過呼吸になる子もいた。

♪強き者よ　真の勇者よ　戦い終えた後で　誰のため　流すのだろう？　その涙

さすがに急過ぎてボロボロな出来だったけど、そのサプライズが嬉しくて、すごくいい思い出になった。

たくさんのことを教えてくれた

あれだけ苦労したブログの最後に、私はこう書いた。

〈ＳＫＥに入って、めまぐるしい毎日の中で
「時間の大切さ」を本当に痛感しました。

何もやらなくても時間は過ぎるし、
一分一秒を惜しんで必死に過ごしても時間は過ぎる。
そんな、当たり前のことをたくさん教えてくれたＳＫＥ48でした。〉

アイドルと学業の両立で、もがき苦しんだ私が学んだことだ。この教訓は受験生になってからの私を支えることになる。

時間で言えば、たった二年間のアイドル生活だった。それでも、ＳＫＥ48という日本のアイドル界のど真ん中にいるグループで活動できたことは、我ながらすごく誇らしい。

あの頃はすごいと思う出来事が多過ぎて、グループ卒業から二年経った今振り返ると、なんだか現実感がない。ＰＶを撮りに行ったタイのパタヤの街を思い出そうとしても、テスト勉強をしたことばかり覚えていてボンヤリとかすんでいるし、紅白歌合戦で立ったＮＨＫホールのステージも、本番は本当に一瞬すぎて、テレビも置いてない控室にずっと閉じ込められていた記憶のほうがなぜか印象深い。

アイドル時代の記憶が薄れていったのは、それから一年間、あまりにも濃すぎる受験勉強にどっぷりと浸かっていたからかもしれない。

第4章

第一志望は偏差値69

目指すからには

ＳＫＥ48卒業を発表する少し前から、私は学校に毎日通うようになった。突然ちゃんと学校に来るようになったものだから、クラスメイトたちは驚いていた。正式にグループ卒業を発表するまでは、辞めるということも周囲に言えないので、私は「うん、まあね……」と言葉を濁して勉強していた。周囲は「いきなり学校に通い始めてすげー勉強し出したぞ」と見ていたそうだ。

大学受験をすることになった私だが、最初から地元の国公立がいいなという考えがあった。父は私に実家から出て行ってほしくないという気持ちがあり、私もお金がかかるし、東京や大阪に出たいという気持ちは特になかった。

名古屋の場合、私立だと就職に有利になりそうな全国的に有名な大学はそれほどない。国公立となると、トップ校は断然、名古屋大学になる。経営に興味がある私にとって、二年生から経営学科を選択できる経済学部が目標となる。

父は私が大学受験を決めたときから、名古屋の国立トップ校・名古屋大学という気持ちがあったようだ。
「目指すからには、名大でしょー」
と私に言ってきた。その気になりやすい私はすっかり「第一志望・名大！」と感化されていた。

でも、私が通っていた中京大中京高校の進学コースは、系列の中京大学への内部進学を目指す生徒に有利なコースで、そもそも他の大学を受験する子が少なかった。学校には、難関大学合格を目指す特進コースもあるが、そこでも名大に合格するのは年に数名だった。

名古屋大学経済学部の偏差値は69。私はそれがどれだけ難しいことなのか、その時はまだまったく実感を持っていなかった。

予備校をどうするか

受験勉強を始めることにしても、SKE48の活動のために、学校の授業すらちゃんと受けていなかった私だ。塾や予備校に通うとしても、他のみんなと授業を受ける一般的なスタイルでは、知らないことが多過ぎて、ついていけないだろうと思った。かといって独学では無理だ。そんな私を名大合格まで引き上げてくれる予備校なんてあるのだろうか。

予備校選びでは、父が大きな力になってくれた。私がまだＳＫＥ48の活動を続けていた高二の秋から予備校を探してくれていたのだった。そんな中で父が勧めてきたのが東進衛星予備校だった（事前に同校の校舎長に会った父は、絶対名大に行かせたいと言っていたらしい）。

東進衛星予備校は講師陣の授業を録画したものを、パソコンで受講できる「映像授業」が特徴だ。普通の予備校のように、次の授業は一週間後というような縛りはない。録画された授業だから、すぐ次を受けられる。

基礎からスタートしても、ハイペースで授業をこなしていけば、他の受験生たちに追いつけるのではないかというのが、父のアドバイスだった。

そしてちょうどその頃は、「今でしょ！」のフレーズで、東進の林修先生が大ブレークしていたときだった。私もどうせ通うなら、映像授業とはいえ林先生の授業を受けてみたいなと思っていた。その後、現代文の講座が林先生の授業だとわかったときには、すごくうれしくて、授業を受けながら、いつ「今でしょ！」が出てくるか待ち構えていた。

ＳＫＥ48を卒業した高二の十二月から、私は自宅と高校の間にある、東進衛星予備校に通い始めた。

校舎長の井上貴太先生は、高知出身なのに関西弁を話す四十代のイケメンの先生。

その井上先生も、父から聞いた名大という目標が、ちゃんと私自身の目標なのか不安に思っていたようだ。父の話は明かさずに、「どこに行きたい？」と私に聞いた。名大という気持ちは決まっていたが、その時点での成績でそこまで大口を叩く図太さは、私にはなかった。

「名古屋大か愛知教育大あたりですかね」と少しだけ濁して答えた。でも「絶対に頑張ります！」と答えるのも忘れなかった。

すでに私の全エネルギーを受験に注ぐ決意はできていた。

東進で受ける講座を選ぶにあたって、英数国の診断テストを受けさせられたが、まったく点数は取れなかった。

高校にまともに通えていなかったのだから、当然といえば当然だ。とはいえ、いきなり前途は霞んだようでショックだった。受験のプロの井上先生は、私大にも変更可能な道を残すための講座を提案してきた。それは、まずは英数国を固めようという方針だった。私立文系の場合、歴史の代わりに数学で受験することも可能だからだ。

一・五倍速の授業

まずは受験で最重要科目になり、覚えることが多くて時間がかかる英語から始めた。私は最初に「ベースチャレンジ英語Ⅰ」という、東進で一番易しい、中学のおさらいの講座から受けることになった。

内容はbe動詞とか、本当にそういうレベルからだった。高校の授業をまともにフォローできていなかった私は、そこから始めるしかなかったのだ。

さすがにこのくらいわかるわ！　速攻で終わらせてやる！

東進では一つの講座につき、授業が基本的に全二十回ある。映像授業は九十分だが、東進では一・五倍速で授業を受けるのがスタンダードだった。そのスピードでも講師の先生が話す内容はちゃんと聞き取れるのだ。講師が板書する時間もあるので、逆に一・五倍速くらいがちょうど良かった。

六十分で授業が終わると、十分程度の「確認テスト」を受ける。そこで授業内容を達成できたと判断されたら、次の授業に進むことができた。私は一日、二、三授業とハイペースで基礎の授業をこなしていった。

もう一つ、英語の勉強として並行して始めたのが、「高速基礎マスター講座」というもの。センター試験に必要な英単語千八百、英熟語七百五十、英文法七百五十を暗記するというものだった。この講座を高二の三学期までに――つまりあと三カ月ほどで全部終わらせろと言われた。これを覚えないと、センター試験の長文が読めなくて、問題に当たっていくことができないのだという。

予備校のパソコン端末やスマホでやることができ、画面に出た一つの英単語の日本語の意味を八つの選択肢から選んで答える、といったもの。ゲーム感覚で進められ、修了判定テストの百問中、九十五問正解すると合格。そこから四日目以降に二回目のテストが受けられて、連続二回合格しないと修了したとみなされない。

私は予備校で映像授業を一コマ受けると、休憩は取らないでこの「高速基礎マスター講座」を受けた。何も知らない私に合っているツールだった。これを休憩の代わり、気分転換にして、トイレのとき以外、私はパソコン端末のあるブースからは出なかった。

そうして英単語、英熟語、英文法は予備校から言われた締め切りの三学期までに終わらせることができた。

「恋愛禁止」はなくなったけど

毎日学校から急いで直行するのは、劇場やレッスン場ではなく予備校になっていた。校舎の入口を入ると、校舎長や担任助手という学生アルバイトの机があり、そこを抜けて奥の教室の一人ひとり仕切られたブースで授業を受ける。私のお気に入りの席は一番奥のブースだった。そこだと荷物を足元ではなく、横のスペースに置くことができて脚を伸ばせたからだ。

校舎に着くとまずそのブースを確保し、担任助手のところにいって受ける授業を伝える。そしてブースに戻るとそこのパソコンで映像授業を受けることができる。

一番奥のお気に入りのブースを確保することを優先していた私だが、例外もあった。同じ校舎に通う一学年上のイケメンをマークしていたのだ。その彼がいるときは隣のブースに入って勉強していた。イヤホンを着けた者同士、話しかけることもなかったが、それでも受験勉強の貴重な「潤い」だった。

ＡＫＢ48グループには「恋愛禁止」という有名な決まりがある。
実をいうと、私はＳＫＥ48を卒業するときに、よし！　これで恋ができる！　カレシを作れる！　というワクワクする気持ちがあった。同級生でカレシがいる子を見ると羨ましかった。でも、どこかで会おうとなると時間を縛られるし、受験勉強に大きな支障が出てしまうのは確実だった。私は受験に生きる！　私はまた「恋愛禁止」の生活に戻った。

さっぱりわからないセンター試験

東進では「センター試験同日体験受験」といって、センター試験と同じ日に、高一、高二の生徒が、センターと同じ試験を力試しで受けることになっている。その日、卒業前に決まっていた握手会があった私は、英語だけを受験した。

Some people live their whole lives near their places of birth, while others move elsewhere. A study conducted by the Pew Research Center looked into the state-to-state moving patterns of Americans. The study......

さっぱりわからない。点数は二百点満点中五十八点。偏差値は43だった。一年生も受けてこの偏差値ということは、二年生の中ではもっと下のほうだろう。センター試験は四択問題だから、勘で当たったところがほとんどだった。

名大経済学部志望者の場合、センターの英語目標は百六十五点と東進では設定されていた。一年後のこの日、私は今の三倍の点数を取れるのだろうか……。


SKE48を卒業してから、私は予備校に土日を含めて毎日通った。

時間が圧倒的に足りない！　そんな思いだった。人と同じじゃダメだ、これからは誰よりも勉強時間を取ってやる！　と思った。SKE48の活動で、ハードな生活には慣れている。寝る以外、ずっと勉強してやろう！　勉強そのものの自信はさておき、誰よりも勉強に時間をかけられるという自信だけはあった。

平日は高校が午後三時十分で終礼となる。終わると走って学校を飛び出した。

地下鉄の駅まで走って、午後三時十九分の電車に飛び乗る。七、八分間隔で電車は来るが、次の電車までの時間がとにかくもったいなかった。

河合塾
新世界史
頻出年代暗記
Gakken
ゴロ合わせで
頻出重要年代を
最速インストール!
世界史学習者必携!
入試
漢字マスター一八〇〇+
んで見て覚える
古文単語
315
改訂版
試験
史B

使いこんだ参考書

電車に乗っている間も英単語の勉強をした。予備校に着くと、たいていは私が一番乗りだった。

よし、空いてる！　お気に入りの一番奥のブースを確保すると、そこから閉館の午後十時までずっと勉強した。ケータイがあると友達からＬＩＮＥが入ったりするので集中がそがれる。先生に預けてブースには持ち込まなかった。

その頃の私は、勉強しながらも手が震えるくらいに、時間がないと焦っていた。

朝から夜まで予備校に

休日は朝十時から閉館までずっと予備校だった。私は家ではテレビなど他の誘惑に気が散って勉強ができないタイプだったので、予備校に身体を縛り付けて勉強した。

予備校から帰ると夜十一時になっている。ご飯を食べてお風呂に入るともう十二時近くだ。毎晩十二時に寝て朝六時に起きた。予備校の教えで、脳のために毎日六時間は睡眠を取るようにと言われていたのだ。

一つだけ、毎日の自宅学習があった。朝起きてから朝食までの三十分間、英語の音読をすることだった。これは東進の安河内哲也先生の教えだ。
先生はとにかく音読を重視する教え方だった。ネイティブスピーカーが話した普通の速度の英語を、頭の中で日本語に訳すことなく理解できるようにしろ。これはリスニング問題に役立つだけではない。英文を後ろから訳すような日本語的な読み方ではなく、英語的に頭から読めるようになれば長文もスラスラと読めるようになるというのだ。

例えばこんな例文を音読する。スラッシュごとに意味の固まりになっているので、そこで区切って音読する（『安河内哲也の基礎から偏差値アップ総合英語Vol.3』から）。

Most of us believe / that Issac Newton / came up with the theory / of universal gravity / when he saw an apple / fall from a tree, / and we might think / a scientific discovery / has much to do / with sudden inspiration.

毎朝、ネイティブスピーカーが読んだ英文を聞いて、日本語訳を音読する。英文を聞いて、日本語訳を音読する。それを繰り返した後は、英文を聞いて、自分でその英文を発声する。英文を聞いて、自分で発声する。それをひたすら繰り返した。この作業は英語が頭に染み込むという感じで、結果英文を覚えることになり、英作文にも役立った。この音読法は英語の勉強全般に効く勉強法だったと思う。

通学の電車の中では、英単語を覚えたり、参考書を読んだりした。英単語は高速基礎マスター講座で集中的に覚えたが、それが頭から抜けてしまわないように、単語帳を繰り返し読んだ。

東進では二、四、六、八、十、十二の偶数月にセンター試験と同じレベルの模擬試験がある。高二の二月の英語は二百点満点中、七十九点。当然ながら、まだまだだ。

ファンの優しい声

このころ、数回ＳＫＥ48関連のイベントに参加した。卒業はしていたのだが、告知のタイミングの関係などで、握手会が数回残っていたのだ。

「受験がんばってね！」

ファンの人は優しい声をかけてくれた。それだけではない。ＳＫＥ48の事務所には自分の受験勉強方法を印刷して送ってくれた方や、勉強道具を送ってくださった方がいた。

二月に入ると、国語と数学の講座もスタートさせた。

国語は単語や文法など、覚えることがたくさんある古文から始めた。

センター試験レベルに対応する吉野敬介先生の「基礎からの的中パワーアップ古文」を二カ月かけて修了した。

吉野先生はリーゼントにサングラスで大丈夫？　って思うくらいのチンピラ風な恰好なのだが、ヤンキー時代の話など雑談がものすごく面白くて、静かな教室のブースの中で笑いそうになるのをこらえて授業を受けていた。だからこの授業は数学の後など、疲れたときに休み時間の感覚で受けていた。「覚えてこいよ！」が口癖なのだが、助動詞の「る・らる・す・さす……」など授業中に何度も繰り返すので、それだけで覚えることができた。

並行して三月下旬から、半月ほどで高速基礎マスター講座の「センター古文単語250」も修了した。これはセンター試験に登場した過去十年分の古文単語を一〇〇％カバーしたものだ。

数学は私が一番苦手な科目だった。ベクトルだとか、図を描いたりして視覚的に考えられるものはまだよかったが、整数など、純粋に数字で考えるものは大の苦手だった。

二月の模試では二百点満点中四十二点。他の文系科目で取り戻すにしても、センター本番で六割は取りたい科目だ。

東進では「受験数学Ⅰ・A／Ⅱ・B（基礎）」という講座から始めたが、なかなか頭に入らない。他の科目のように一・五倍速ではついていけず、普通のスピードで受講することが多かった。

数学は一番集中力を使う授業で、私は東進ではいつも英語の授業でウォーミングアップをしてから、数学に臨むというスタイルだった。数学の授業を受けるともうグッタリで、授業が終わって帰ろうとしたら、担任助手の先生に「めっちゃ、やつれてるな」と言われたこともあった。

基礎の講座を修了すると、続けて同講座の応用編を受講したが、これはセンター試験だけでなく、二次試験の内容を含むのでさらに難しくなった。確認テストで不合格を繰り返し、同じ授業を六回受講することもあった。数列などは全然理解できなくて、授業を聞きながらも「ん？」の連続で、止めては繰り返し聞いているうちに、九十分の授業を終えるのに、四時間近くかかったこともある。結局、この応用の講座は夏休みまでかかって修了した。

家族に助けてもらう

数学では家族にも助けてもらった。授業に関しては、そこで出てくる問題についての予習も必要だった。わからないところは理系の父と兄に聞いた。父は仕事から帰ってきた後や、朝寝ているところを起こしても、嫌な顔をしないで教えてくれた。

「ほら、なんかこんな公式があったじゃん。これ、使うんだよ」

父は公式や定理の名前がわからなくても、解き方は覚えている。私は公式を覚えても解けないのに、受験から三十年経った父が起きたばかりの頭で解いている。理系の頭ってスゴ！　自分に情けなさを感じながらも、このときは素直に父を尊敬した。

兄は名古屋から遠く離れた地方の大学に通っている。私がわからない問題を写メで送ると、正解を書いたノートを写メで送ってくれた。兄は教え方がすごくうまくて頼りになった。

弟は二学年下だが、父や兄と同じく理系に強い。父から見ると、一番数学のセンスがあるのは弟らしい。二人で一緒に出掛けたりするくらい仲のいい弟だが、この数学のセンスがセンター試験本番で私を絶望のどん底に突き落とすことになる……。

母は受験生の私を後方支援してくれた。模試を受けるときは全て本番モードで受けろと井上先生は言った。それは昼食のお弁当もそうだった。私はトイレがすごく近い体質だったので、母は模試のたびに、水分量が少ない弁当を用意してくれた。何度も作ってくれるうちに、受験用弁当が出来上がっていった。

食べやすい小さなおにぎり二個と、サラダに鶏の唐揚げとエビフライ。受験本番では、いつも通りのお弁当を見ることで安心する効果もあった。そして毎朝、母は眠気覚ましのコーヒーを、私のお気に入りのスターバックスのポットに詰めて持たせてくれた。

学校でも授業以外、休み時間は全てを受験勉強に充てていた。友達ともお弁当のとき以外、話すことはなかった。私のクラスはほとんどが内部推薦で中京大学に進む子たちだ。

「なな子がガチで受験するらしい」

私の豹変振りでそう気づくと、友達も気遣って、私を放っておいてくれた。

東進衛星予備校　井上貴太先生の一言①

　菅さんが東進に来たときには、正直国公立大は厳しいかなと思いました。最初に学力を測るために、英数国の診断テストを受けてもらうのですが、何せ点数が全然取れていませんでしたから。

　ただ本人に、本気で受験勉強をするかという確認をしたときに、「絶対に頑張ります」といったときの目力はありましたね。でも、こちらもプロとして、その言葉だけを信用することもできないわけです。あまりにも成績がないわけですから。

　そこで、彼女には二段階に分けて講座を提案しました。

　まずは私大にも対応できるように、英数国の三教科を固めようと。最初にあまりにもたくさんの講座をやらせると、途中でドロップアウトしてしまう恐れもあると考えたのです。ですから、三教科の進捗を見て、本当に名大の可能性が出てきたら、社会、理科のセンター試験にも必要な教科や、名大受験に必要な講座を新たに始めようと話しました。

　私の正直な気持ちとしては、私立の東京六大学までにはなんとか行かせてあげたいと思っていました。

　三教科の中でも最初に英語の講座を始めたのは、受験に対応できる力を身につけるまでに一番時間がかかるからです。芸能活動で授業が受けられないこともよくあったと聞きました。だから菅さんには東進でも一番易しい英語の講座から受けてもらいました。基礎のところで抜けているところをなくしたかったからです。本人にも「基礎が抜けたら、絶対に後が伸びないよ」と伝えたら、本当に素直に聞き入れてくれました。

最初は暗記するところからですよね。「高速基礎マスター講座」の「英単語センター188」は修了までに一カ月くらいかかっています。これは時間がかかり過ぎているくらいです。一週間で終わらせる子もいますから。受験生にはこれを修得したうえで一月下旬の「センター試験同日体験受験」を受けろと指導していますが、彼女の場合は間に合っていないんですよね。

ですからこの時点では本当に大丈夫かなとは思いました。ただここで苦労して英語に慣れたおかげで、熟語、文法は早いスピードで修得して、高二の三学期までにきちんと終わらせています。

この「高速基礎マスター講座」を修了すると、ようやく英文が読めるようになってきます。診断テストのときなどは単語が全くわからないので時間が余ったはずです。でも単語がわかって英文が読めそうなところまで力がつくので、読む時間が足りないという感覚が初めて出てくるんです。

生徒には、一番最初に「受験生は週七日校舎で頑張ろう！」と言います。受験生には勉強部屋として教室を使ってもらいたいんです。でも、みんなそこまで強くないので、休みたいという気持ちになります。

それでも、きっちり週七日来るのをやめなかったのが彼女の一番偉いところです。本当にブースからも出て来ずに、ずっと勉強していましたね。他の子は模試の成績が悪かったりすると、落ち込んで勉強のペースが落ちてしまったりしますが、菅さんは「次、頑張ります」という感じで、あまり気にする様子を見せませんでした。

東進の周りの子も、「ＳＫＥ48の菅なな子だ」ということは気づいていましたね。やっぱり有名人なんですね、同世代の子の中では。でも、周りの子たちもちゃんと気を遣って、ごく普通に接していたのは偉かったですね。たまに男の子がチラチラと覗いたりしているんで、そういうときはその子を呼んで言って聞かせましたが。菅さん本人もそんなことは気にせず、勉強に集中していました。

第5章

本格的な受験生活へ

果てしない道のり

二〇一四年四月、私は高校三年生へ進級した。いよいよ文字通りの受験生だ。

学校のクラスも変わり、新しい友達もできた。でも三十八人いるクラスで大学受験をするのは私を含めて数人だけ。大多数の同級生は附属校推薦で進学することになる。その子たちは語学強化のための海外研修もあり、残り一年の高校生活を楽しもうとキラキラ輝いていた。私は相変わらず、学校と予備校以外、全くどこにも出かけない受験生活を続けていた。四月のセンター試験本番レベル模試の結果は、こんな具合だった。

英語…111点／200点
国語…104点／200点
数学…55点／200点
地歴公民…82点／200点
理科…16点／100点

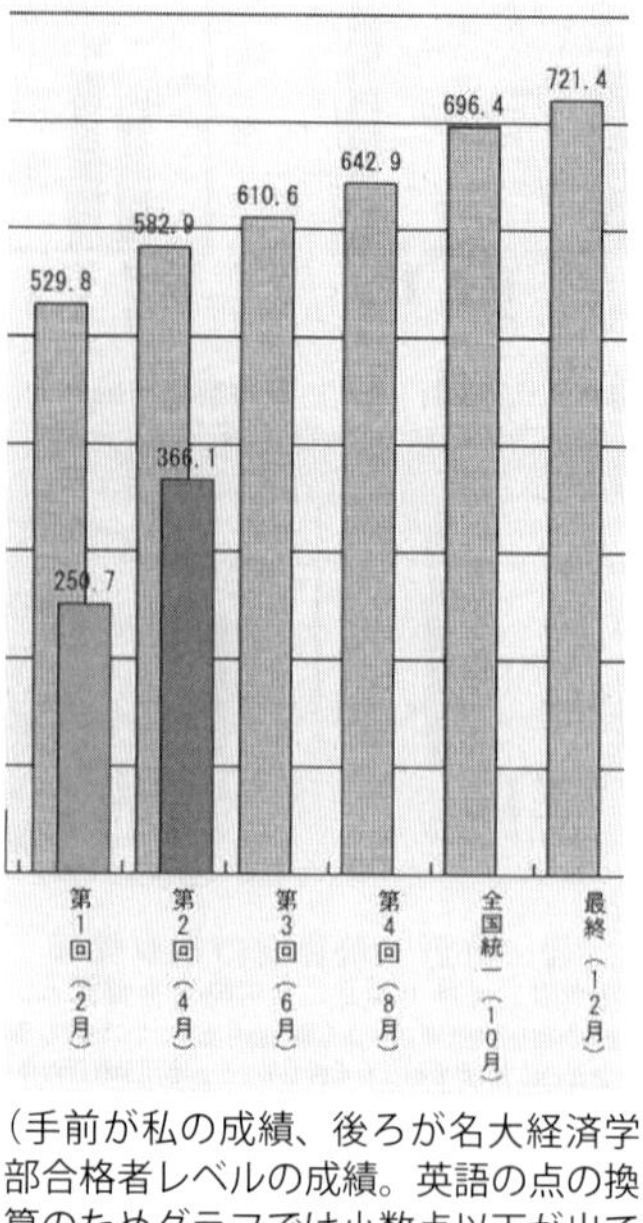

（手前が私の成績、後ろが名大経済学部合格者レベルの成績。英語の点の換算のためグラフでは小数点以下が出ている。以下同）

第一志望の名古屋大学経済学部を受けるには、センター試験は五教科必要になる。細かく分けると数学、地歴公民、理科は選択で、それぞれ二科目ずつ受験するので八科目も受験しなくてはならない。八科目合計で九百点満点。そしてセンター試験のあとの名大の二次試験は英、数、国が各五百点満点の合計千五百点満点。

センター試験と二次試験の合計点二千四百点の六割、つまり千四百四十点がボーダーラインと言われている。記述式で名大独自の問題が出る二次試験のほうが、センター試験よりも難易度は上がって点数は取りづらくなる。だからセンター試験では、最低でも七百点は取りたいところだ。

四月の模試の合計は三百六十六点だった。まだまだ果てしない道のりだが、ここで一喜一憂する必要はないと井上先生は言ってくれた。

問題は中身だ。まだ受験対策を始めていない社会と理科はさておき、英語が二カ月前から約三十点伸びた。これは単語や熟語など、基礎的な知識が頭に入ったおかげで、英文が読めるようになったことにほかならない。ここまで急に点数が伸びるとは思わず、よし、もっとやろう！　というモチベーションが湧いた。

国語は受講を始めた古文が前回より七点アップして、全体の点を押し上げた。

数学はまだ知識を頭に入れている段階で問題量をこなしておらず、問題を解く力を身に付けていない。点数が伸びないのは仕方ない。これまではほぼ英語に集中して勉強していたことを考えると順調といってよかった。

勉強が楽しくてしょうがない

この頃の私は、知らないことがどんどん頭に入ってくるのが実感できて、勉強が楽しかった。勉強したら、その分だけ成績が伸びた。これは私にとって、すごくシンプルで、とても充実感が得られる努力だった。

アイドルは顔が可愛ければ売れるわけでもないし、歌やダンスがうまければ売れるというわけでもない。「キャラがいい」という目に見えない曖昧なものだったり、売り出すタイミングだったり、自分ではどこに向かって努力をすべきなのか、はっきりわからないまま、もがく世界なのだ。そこが楽しいところでもあるけれど、でもやっぱりその難しさに苦しんだときもあった。

それに比べると、受験は結果を出すための方法が「学力を上げること」とはっきりしている。ただ勉強していればいい。そのことがとても恵まれたことだと感じている点だけは、私が他の受験生よりも有利なところだったのかもしれない。

東進の講座でまだ取っていない科目については、自分で勉強を始めなくてはならなかった。そんな私に参考になるアドバイスを受ける機会があった。私の通う東進の校舎では、毎年三月に合格者報告会という行事がある。これは合格した先輩から、その秘訣を直接聞くというものだ。その中に、一浪して京都大学に合格した女性の先輩がいた。

この先輩は浪人生活で徹底的に受験勉強をしただけあって、アドバイスがすごく具体的で本当に役立った。この報告会の後も、先輩が予備校に立ち寄るたびに、私は話を聞きに行った。

私が早速取り入れたアドバイスが「歴史はあれこれ手を出さないで、一つの参考書を繰り返し読むのがいい」というものだった。私はその先輩が読んでいた参考書（彼女は日本史だったが）に倣って、『決定版センター試験世界史Bの点数が面白いほどとれる本』（中経出版）を買って読み始めた。この本はかなり分厚くて重たかったが、毎日持ち運んで少しずつ読み進めた。そのせいで「秀才バッグ」と呼ばれるプラスチックのブリーフケース型バッグは、いつもパンパンだった。

1862年にユンカー（地主貴族）出身のビスマルク（在任1862～90）が首相に登用されました。ビスマルクは議会の反対を押し切って鉄血政策を強行し、3つの戦争を経てドイツ統一を達成しました。

ビスマルク激しいなー、そんなことを思いながらひたすら繰り返し読んでいた。

そして五月から東進でも「センター試験対策世界史B」という講座を受け始めた。授業はセンターではここまでは必要ないんじゃないかというくらい深く教えてくれたが、そのおかげで世界史のストーリーがつかめて、参考書の内容も頭に入りやすくなった。

林先生の授業を受講する

もともと自信があったのは、国語の現代文だった。本を読むのが好きで小学校の頃は特に『ハリー・ポッター』シリーズにハマった。あの重い本をランドセルに入れて学校でも読み続け、全巻コンプリートした。

映画版よりも、ハリーとロンが他愛もない冗談を言い合ったりする小ネタが入っている小説のほうが好きだ。SKE48のときも、ステージで面白い話をするよりは、ブログの文章を工夫して書くほうが好きだったし、得意だった。ファンの人からも「ブログが面白いね」と言ってもらえたりした。

井上先生も、それまでの模試の成績から私には国語力があると思っていたらしく、現代文の講座は最初から上級向けのクラス「現代文トレーニングⅢ」を受けさせてくれた。これはテレビでもすっかり有名になった林修先生の講座だ。

林先生の授業は、まず予習として現代文の問題を解いておいて、授業で答え合わせと解説を聴く。実際にどうやって解いていくかという流れを林先生が見せてくれるのだ。林先生の授業には、現代文て、こんなシステマティックに解けるんだ！　という感動があった。

現代文の問題では文章のある箇所に傍線が引かれていて、そこから問題が出るが、「まず傍線部の前後を読む」だとか、「傍線部と同じ表現を見つけたら、そこを少し言い換えているだけだから、そこを読めば答えがわかる」だとか、ポイントがすごくわかる授業だった。

それまではなんとなく意味的にこれかな、と感覚で解いていたが、授業を受けてからは、この根拠があるからこれだと確信を持って解けるようになった。

なんと数学は〇点！

六月のセンター試験本番レベル模試の結果。

英語…129点／200点
国語…117点／200点
数学…85点／200点
地歴公民…90点／200点
理科…55点／100点

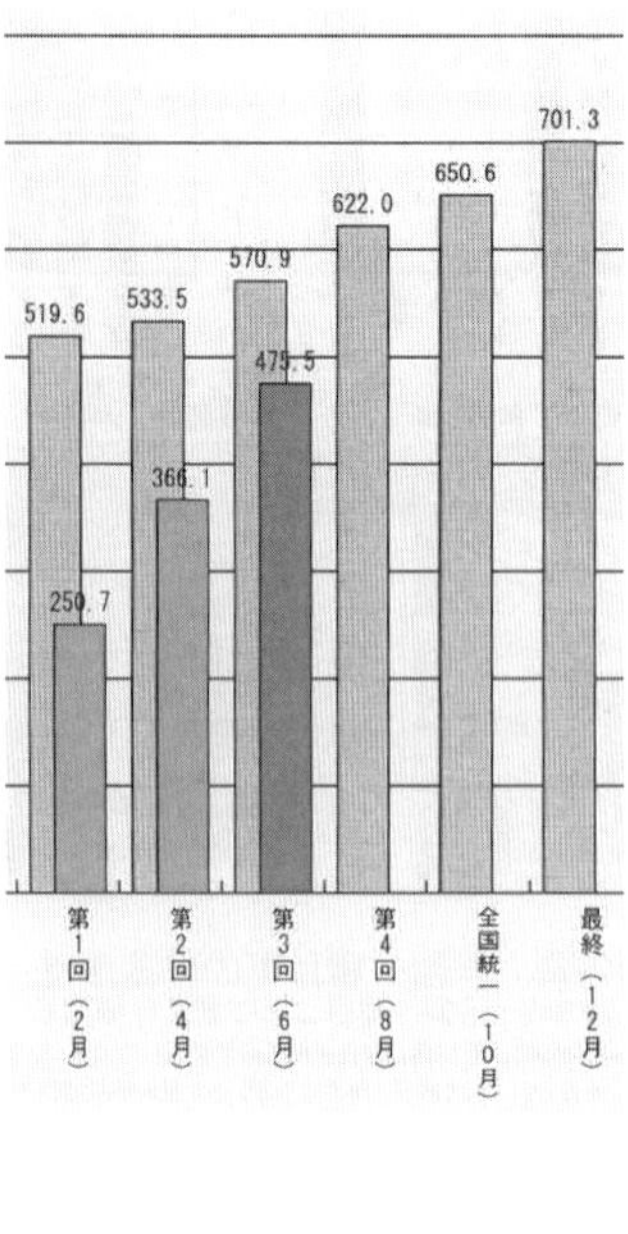

名大経済学部志望の場合、英語の目標は百六十五点と設定されていた。あと三十六点！
英語はセンター試験レベルの内容はすでに講座を終えていた。英語は順調に伸びている。
国語は前回から十三点アップ。国語も名大経済学部合格の設定は百六十五点なのでまだまだだが、東進の授業が進んだ古文が前回よりさらに十点伸びた。受験対策を始めていない漢文が五十点満点中五点と、大きく足を引っ張っているので、それほど心配はいらない。数学は前回から三十点アップした。センター試験レベルの数学の講座は終えて、問題を解く勉強を繰り返し始めた成果が表れていた。地歴公民はわずかなアップ。理科も生物の講座は終えていたので、その分だけ点数が伸びた。

同じ六月には「名大本番レベル模試」があった。これは名大の二次試験の過去問の傾向を分析した記述式の試験だった。

英語…34点／200点
〔平均66.6点〕
国語…64点／200点
〔平均67.5点〕
数学……0点／200点
〔平均33.8点〕

英語はセンターレベルの力は完成に近づきつつあったが、二次試験になると語彙などまだまだ足りないところがあって、長文を理解することができていなかった。記述問題の対策を何も始めていなかったこともあり、たいして気にはしなかった。

国語は現代文と古文は平均点を超えていたが、漢文が〇点。

そして数学はなんと〇点！　問題を見た瞬間にもう全くわからない、お手上げという感覚で、やることがなさ過ぎて、途中で寝てしまうほどだった。この模試は難問クラスの問題ばかりが出題されていたと思うが、本番では一問くらい簡単なものが出ることが多い。

それにしても〇点は生涯初めてだった。半年後の同じ模試で、せめて二ケタは取れるだろうか……。

直前ノートを作る

東進では週に一回、グループミーティングというものがある。ここでは生徒五人と、井上先生や担任助手と呼ばれる大学生アルバイトとが一緒に集まって、その週の授業の進行の目標と、前週の達成度などを報告しあうものだ。このグループミーティングが他の受験生と知り合うきっかけになった。

私の他には京都大志望が二人、北海道大志望と名古屋市立大志望が一人ずつだった。私は京大の理系を受験する男の子と模試の英語と国語で毎回勝負するようになった。理系教科では到底勝ち目はないが、その二教科ならば勝負になった。京大を目指しているあいつに今回は勝った！　このライバルたちの存在が励みになったり、いい緊張感の持続になった。たまに受験勉強の愚痴を言い合ったり、ふざけたりするなど、グループの仲間は「戦友」でもあった。

この頃、井上先生からは「テストの直前に読めるようなノートを作りなさい」と言われていた。

「テスト直前に初めて見るような参考書を広げても、絶対に頭に入ってこない。自分でできなかったところをまとめたものや、ずっとやりこんだ単語帳だとか、何回も見たことがあるものを見て、再確認することによって、心が落ち着く効果もある」とのことだ。

私もそのアドバイスに従って、「直前ノート」を作ることにした。

A５判の小さな薄いノートを色違いで三種類用意して、「英語」「国語」「世界史B、倫理、生物基礎、化学基礎」に分けた。

2014年　　実施日　2014/6/8

第1回 6月 名大本番レベル模試

個人成績表

校舎CD	校舎名	高校名	学年	受験番号	氏名
[redacted]	[redacted]	中京大学附属中京	3年	[redacted]	菅　なな子

この個人成績表は名大入試合格へ向けて有効な資料となります。各科目とも合格ラインまで「あと何点」得点すればよいのかを示しています。「出題内容別到達状況」を確認して、一つ一つ課題を克服しましょう。

1	志望学部等における今回の得点	名古屋大 教育　前

	第1回 6月 名大本番レベル模試			志望学部等				あと何点
科目	満点	得点	受験者平均点	満点	得点※	目標得点	目標到達率	
英語	200	34	66.6	600	102.0	429.0	23.8%	327.0
国語	200	64	67.5	600	192.0	345.0	55.7%	153.0
数学(文科系)	200	0	33.8	600	0.0	282.0	0.0%	282.0
合計	600	98	167.8	1800	294.0	1056.0	27.8%	762.0

※ 志望学部等の得点は、各学部等の配点により傾斜・圧縮した得点です。

名大二次の模試で、数学がまさかの0点。0点は初めてだった……

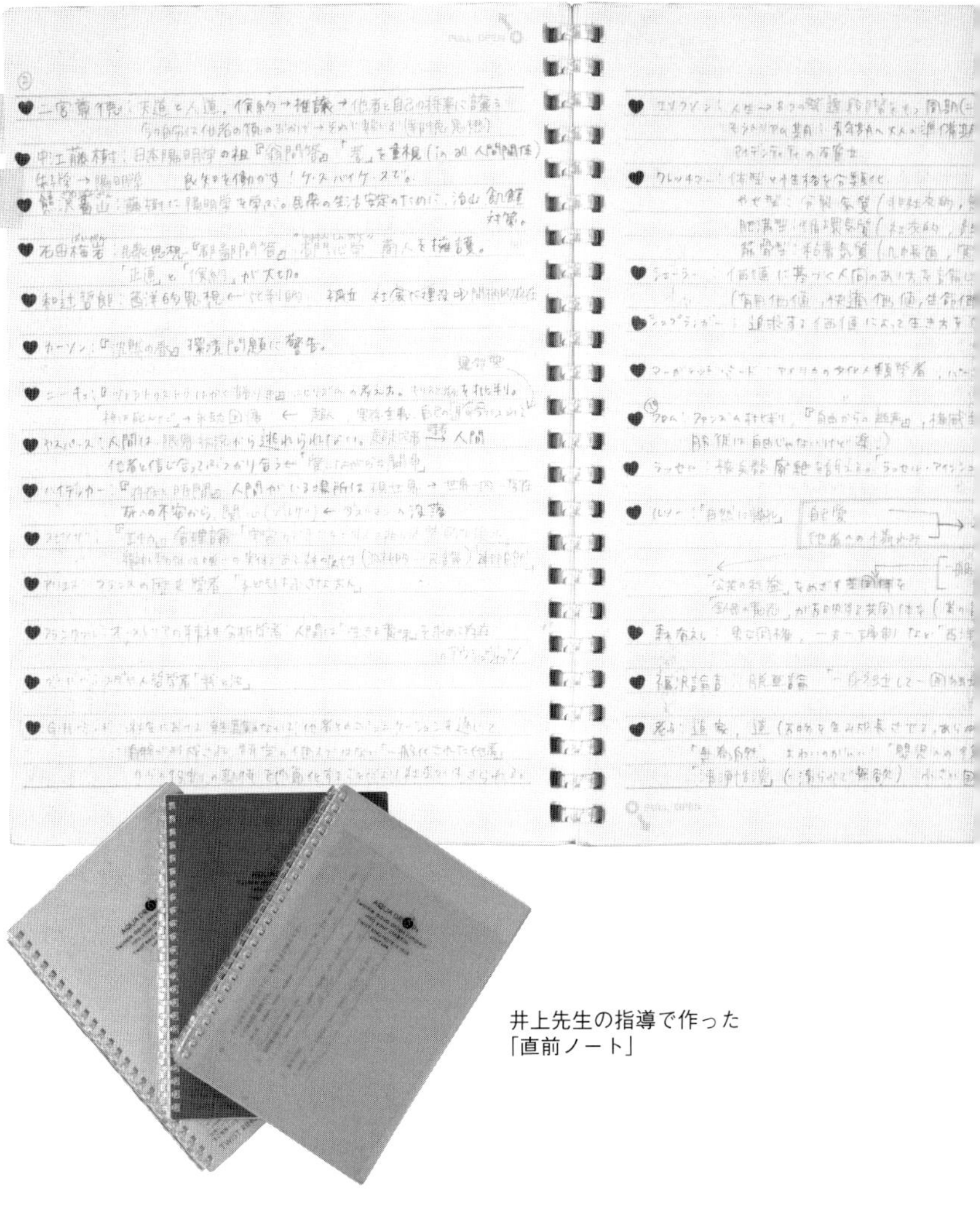

井上先生の指導で作った
「直前ノート」

■英語の直前ノート

○重要な熟語を使った例文

例えば、know better than to〜（〜しないだけの分別がある）を使った例文なら、

I know better than to leave the matter to him.

（その問題を彼に任せるほど私は馬鹿ではない。）

といった具合だ。

熟語は長文の中でも使われることが多いので、読解のために、意味を頭に叩き込んでおくことが大事だ。だから日本語訳は赤で書いて赤いシートで隠せるようにして、直前にチェックできるようにした。

○重要な構文

例えば、区別しづらい否定＋比較級を書き出した。

I have no more than 1000 yen.

（私は千円だけしか持っていない。）

I have no less than 1000 yen.

（私は千円も持っている。）
I have not more than 1000 yen.
（私はせいぜい千円しか持っていない。）
I have not less than 1000 yen.
（私は少なくとも千円は持っている。）

○覚えにくかった単語
夏休み前には難関私大・国公立二次試験用の「上級英単語1000」も修了していた。それらの単語が頭から抜けてしまわないように、主要なものを書き出した。
warranty（保証書）
boost（増加させる）
inferior（劣っている）
といった具合だ。

■国語の直前ノート

○漢字（書き取り）

カンショウ地帯を設ける。（緩衝）

タンソクを漏らす。（嘆息）

コウグウする。（厚遇）

　漢字は赤字で書き出して、赤いシートで隠せるようにしている。参考書は『入試漢字マスター一八〇〇＋』（河合出版）を使って、書き取りは書いて覚えるようにしていた。東進のセンター模試で出た漢字も、本番で出る可能性が高いので書き出しておいた。

○漢字（読み取り）

鑑みる（カンガ）

皮革（ヒカク）

好事家（コウズカ）

　今度は逆にカタカナを赤字にする。

○古文

古文単語は一日三十個覚えると決めて、電車の中などで覚えた。夏休みには一日五十個とペースを上げた。高校一年のときに学校で買ったものの、全く触らず新品状態で家にあった参考書『読んで見て覚える　重要古文単語315』（桐原書店）が役に立つときがきた。古文単語は一つの単語に、意味が何種類もあるのがやっかいだ。赤いシートで参考書の字を隠しては意味を考え、答えを確認する。単語の上には「正」の字を書いて、答えられなかった回数を記録した。この参考書はイラスト付きで、これがヒントになってしまうので、イラストも付箋で隠して覚えるようにした。この繰り返しで覚えた。

直前ノートには主な古文単語を書き出した。例えばこんなまぎらわしいものも書き出して区別できるようにした。

おもなし〈面なし〉……面目ない・恥ずかしい
おもだたし〈面立たし〉……名誉だ・晴れがましい
おもておこし〈面起こし〉……面目をほどこす・名誉を回復する
おもてぶせ〈面伏せ〉……面目を失うこと・不名誉

古文は作品と作者の組み合わせなど、文学史も覚えなくてはならない。作品名とその概要を書き出した。

源氏物語（紫式部）……一〇〇二〜一〇一〇頃。五四帖（巻）。「もののあはれ」が基調。江戸時代の国学者・本居宣長の主張。

名大の二次試験の古文は和歌の解釈が出るのが最大の特徴だった。和歌とその訳を書き出して覚えた。

清水の騒ぐに影は見えねども昔に似たる滝の音かな

【訳】清水寺の音羽の滝の音のようにあなたの声はするのにあなたは見えないが、昔と同じような（懐かしい）あなたの声であることよ。

○漢文

重要な漢字の読みと意味を書き出した。
怨（ゆるがセニス）……おろそかにする
負（そむク）……うらぎる
愛（をしむ）……おしむ

■世界史B、倫理、生物基礎、化学基礎の直前ノート

○世界史B
重要トピック・人名とその説明を書き出した。まぎらわしいものは並べてきちんと区別して覚えられるようにした。
孔穎達（唐）……『五経正義』を編纂。
永楽帝（明）……『五経大全』『四書大全』を編纂。
中世ヨーロッパの有名大学
法学……ボローニャ大学
医学……サレルノ大学
神学……パリ大学（西欧）、オックスフォード大学（英）↓（分離）ケンブリッジ大学

○倫理

頻出の思想家・哲学者の名前と、その概要を書き上げてキーワードは赤字で書いてシートで隠して覚えた。

カント……内面的な道徳を重視し、いかなる時も道徳に従う定言命法を主張。

サルトル……無神論者で「実在は本質に先立つ」という人間観を持ち、自由と責任について説く。『嘔吐』。

モンテーニュ……人文主義で『随想録』を出版した懐疑主義者で「私は何を知るか?」と発言。

○生物基礎

生物は理系科目だが、暗記物という要素が強い。なるべくイラストにしたりして、イメージをつかんで覚えるようにした。

○化学基礎

化学も暗記が基本だが、その基礎知識が応用問題に活きるものが多い。分子構造をまとめた図を並べるなど、基礎知識を頭に叩き込めるように工夫した。

このノートは持ち運びしやすいので、昼ごはんを食べに行ったときにも、食事が出るのを待っている間のわずかな時間や、電車内の短い時間でも開いていた。

私は順調に勉強を進め、夏休みに入るまでには、センター試験に必要な講座は全て終えていた。

二種類のトレーナーだけ！

夏休みに入った。予備校への通学途中、何もなかった土地に、どんどん鉄骨が組み上げられて、見るたびに空へと近づいていく――。我が家では父がマンション購入を決めて、ちょうど受験本番の二月に新居へ引っ越すことになっていた。そのマンションは目下建設中で、通学中にいつも目に入った。まだマンションというよりも鉄骨の塔といった建物は、どんどん高くなっていった。私の力もあのくらい伸びていっているのだろうか、見上げるたびにそんなことを考えていた。

夏休みに東進の校舎が開くのは、通常より一時間早い九時からだ。私は朝九時から夜十時までの十三時間、みっちり東進にカンヅメになっていた。

当然、高校がないのだから予備校には私服で通う。制服と違って、私服は自分で選んで着るものだ。私は毎朝、洋服を選ぶ時間さえ、もったいないと思った。

ある日のこと、母がいつものように近所のイオンまで買い物に出かけるという。

「適当なトレーナー、二枚買ってきて」

母は私が頼んだ通り、白とグレーの二種類のカレッジ風トレーナーを買ってきてくれた。やはり、イオンでは私の期待を上回るようなカワイイものはなかった。

でも見た目を気にするのはやめよう。私はもうアイドルではないんだ。ＳＫＥ48時代は、私服もそれなりに気を遣っていた。いつ、ファンの人に見られるかわからなかったからだ。握手会用に買い、一度しか着なかったものもたくさんある。だが今は見た目を気にしている場合じゃない。私はアイドルじゃなくて、受験生なのだ。

それから、その二種類のトレーナーを交互に着て、ジーパン、スニーカーで予備校に通い続けた。これなら朝の洋服選びの時間はゼロだ。

ちなみに、その頃の私の写真は残っていない。写真を撮るような遊ぶ機会もなかったし、そんなダサい姿を撮りたくなかったこともある。ファンに見られたらヤだなという気持ちはあったが、そんな姿の私は誰からも気づかれなかった。

お昼は松屋で

予備校ではたっぷり時間がある。私は持てるだけの参考書を抱えて予備校に通った。その分、バッグにお弁当を入れるスペースは残っていない。母からお昼代をもらって、予備校の近くで食べることにした。

母にはそのレシートを渡して毎日精算する。母はそのレシートを見て、娘がちゃんと食べているかを把握したいのだった。

私が愛用したのは、予備校から一番近い松屋だった。理由は単純で、頼んだものが出てくるのが一番早かったからだ。あまり早く行くとお腹が夜までもたないので、一時過ぎに行くようにした。牛丼に温泉卵を載せたり、たまにハンバーグ定食を頼んでみたり、私なりにバリエーションをつけてほぼ毎日通った。一度ファミレスにも行ったが、松屋の後だと、出てくるのがとんでもなく遅く感じられて、「もう絶対来ない！」と決めた。

私が通った松屋は、人通りの多い駅前にあって、全面ガラス張りで外を歩く人からよく見えるつくりになっていた。ＳＫＥ48時代はメンバーと美味しいお店を回って、目立ちにくい奥の席に座っていたのだが……。年頃の女の子の自意識として、〝ひとり松屋〟はあまりにも見られたくない姿だ。予備校の男の子三人組と一緒になって、気まずい思いをしたこともあった。

晒されてるな〜と思いながらも、牛丼とサラダのセットで二十分の昼食休憩を完了した。その松屋でも「直前ノート」を開くのを忘れなかった。

ひたすら問題を解きまくる

夏休みは、ひたすら演習だった。とにかくセンターの問題形式に慣れろと言われた。センター試験に出るような問題を解きまくる毎日だった。

自分の苦手分野を集中的に解くということもやった。東進のセンター模試過去十年分から、例えば数学のベクトルの問題だけを解く。これはかなり集中力がいるので大変だった。

センター試験の過去十年分の問題も解いた。本番さながらに、時間制限もつけて解き、点数も出るので、毎日センター模試を受けているようなものだった。実際は二日間に分けて受けるセンター試験を一日で受ける日が続いたので、本当にしんどかった。ただ、このおかげでセンター試験本番は体力的には余裕を感じた。

八月のセンター試験本番レベル模試の結果。

英語…170点／200点
国語…129点／200点
数学…114点／200点
地歴公民…123点／200点
理科…56点／100点

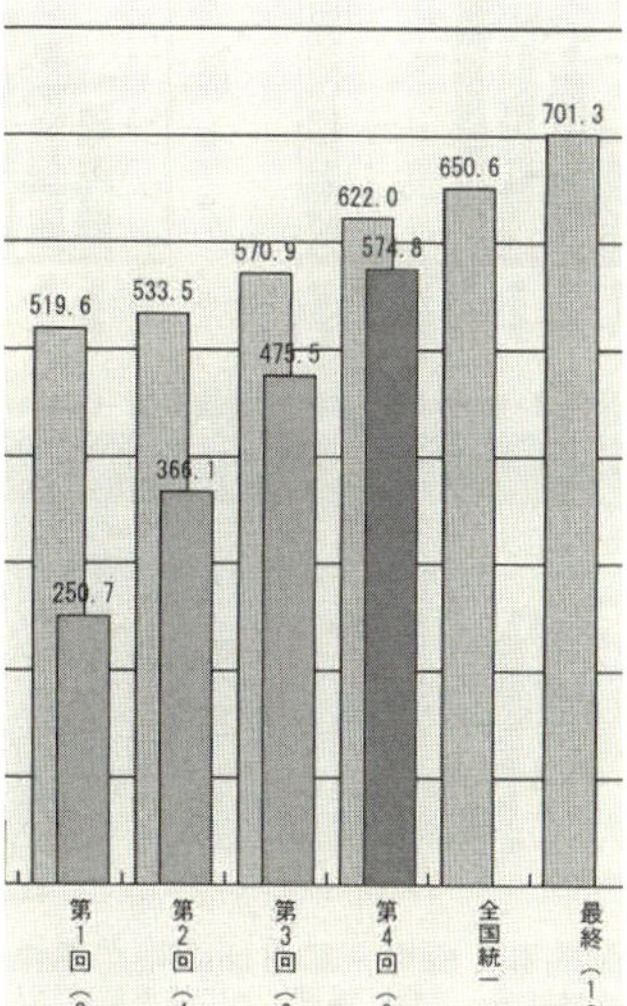

英語は名大経済学部の目標点の百六十五点に、ついに達した。これで英語は大丈夫！この頃には英語は得意科目とハッキリ意識した。数学も目標の六割近くまで上がった。でも私は不満だった。数IAが二カ月前よりも六点下がっていたのだ。あれからたくさん演

習をこなしてきたはずなのに……。やっているのにできない、というもどかしさが募った。次、絶対にいい点を取ってやる。「十月はやります！」と井上先生にも宣言した。

ちょっとした息抜きの計画もあった。

ＳＫＥ48で一緒だった友達や、スタッフさんたちと十人くらいでバーベキューをすることになっていたのだ。私も直前の模試で全教科で六割以上を取れたら、息抜きに参加しようと思っていた。だが、あえなく目標には届かなかった。やっぱりもっと勉強するしかない。私はバーベキューをあきらめて予備校に通うことにした。

この生活終わるのかな……。

オープンキャンパスへ

夏休みの後半になって、初めて受験勉強に対する「疲れ」を感じるようになった。母も、その頃私がいつも下を向いて歩いていたので心配した、と今になって言う。それでも予備校で眠気を覚えたら、母のコーヒーを飲み、頬を思い切りつねった。昼寝をしてしまって、十二時就寝、朝六時起床のリズムを崩したくなかった。

そんな中、唯一の息抜きになったのが、大好きなＡＡＡ（トリプルエー）のコンサートだ。ＡＡＡを聴くことが私の受験の唯一の癒しだった。一番好きなのはニッシー（西島隆弘）。ＡＡＡのコンサートはずっと行きたいと思っていたが、ＳＫＥ48時代は、仮にチケットを押さえても、絶対に何か仕事が入るからと諦めていた。

そんなこともあって、ようやく念願のコンサートを観に行くことができた。その日はいつも通りに朝から予備校に行き勉強をした。夕方、予備校に荷物を置いたまま出かけ、高校のクラスメイトのまみと合流してコンサートに行った。私の前で生ニッシーが動いている！　よし、これでもう少し頑張れる！　コンサート後、すぐに予備校に帰って勉強に戻った。なんだか幻のような時間だった。

そしてもう一つ、名大合格へ向けて大きなモチベーションとなるイベントがあった。名大のオープンキャンパスだ。初めて名大のキャンパスを訪ねた。一緒に行くような友達もいなかったので一人で行った。トレーナー&ジーパンスタイルではなく制服で行った。同じ高校の人と会ったときを考えると、いつもの私服はヤバかったからだ。

名大がある市営地下鉄名城線名古屋大学駅の二番出口から地上に出ると、キャンパスの真ん中を走る道路に出る。

右側のキャンパスに入っていくと、百メートル以上の並木道がまっすぐ延びている。いかにも大学らしい風景だ。

その並木道の入口すぐに経済学部棟がある。この日は、その中で模擬授業を受けられることになっていた。

教室は教壇に向かってすり鉢状になっていて、ザ・大学！　という感じの大教室だった。ホールと言ったほうがいいかもしれない。大学への憧れがますます強くなった。私は真ん中あたりの席に座ろうと思った。イスは座るのと同時にグッとスライドされるタイプで、最初はどうやって座るかわからなかった。一人だったので友達と相談するわけにもいかず、もちろん知ってますよという感じで座ろうとしたが、座面が動かなくて焦った。カッコ悪い感じになってしまったが、この経験が名大の二次試験のときに生きることになった。

模擬授業は、経営学とは何か、といった内容だった。大学の授業って面白い！　と私のテンションは上がった。そのあと、副学部長から教育方針だとか、留学に行きやすいだとかの説明があった。「経済学とはこんなことも、あんなこともできるんですよ」。いかにも

「経済学愛」に満ちた感じの副学部長の話に、やっぱり影響を受けやすい私は、名大しかない！　と盛り上がっていた。

その日は学生生協のイベントで、現役名大生に話を聞く機会もあった。受付で経済学部志望と伝えたら、経済学部の二年生の男子学生を紹介してくれた。私はこんな成績ですけど大丈夫ですか？　と相談したら、俺も夏まではこんな成績だったよといったアドバイスをくれて、だいぶ気分が軽くなった。私は予備校に戻ると、井上先生に向かって興奮気味に名大の魅力を話していた。

井上貴太先生の一言②

東進では高三の一学期までには、習うことは全て習ってしまえ、というのが基本です。夏休みからは必ず演習の態勢に入りなさいと伝えます。問題をたくさん解いて手を動かさないと、絶対に点数は取れるようになりませんので。一学期まではとにかくインプット。そして夏休みはひたすら問題を解くアウトプットの時期になります。

受講はある程度、受け身と言うか、引っ張っていってくれるものがありながらやっていきますけど、夏休みになると自分でも手を動かさないことにはどうしようもないので、しんどいでしょうね。それでも彼女はちゃんとやっていました。

週に一度、グループミーティングをするのは、それがないと自分で校舎に来て、映像授業を受けて帰るだけになってしまう。そうすると、ちょっとしんどくなってきたときにモチベーションの維持が難しくなるからです。生徒同士が競い合う習慣もできますし。あいつも頑張っているから、自分も頑張ろうとなるわけです。

菅さんの場合、最初は全然できなかったものが、これだけキレイに成績が伸びていくと面白くなっていくんです。だから勉強もどんどんやっていけるんです。中途半端に勉強して成績が上がらないというのが一番しんどいパターンなんです。最初ちょっとしんどくても暗記事項を期日までにやっていくと、成績も絶対にそれに伴って上がってくるので。そうしたら絶対に楽しくなる。そうなったら勝ちですよ。彼女の場合も模試を自己採点して、「先生、何点だった」なんてニコニコしながらよく言いに来てくれました。

菅さんの数学ⅠAはセンター模試の場合、二月は二十点くらいから始まっていますが、これは文系の子では極端に悪いほうではありません。受講を始めた四月も二十点のままですが、習っているだけでは点数は取れないので仕方ない。それが六月の模試で六割取れています。このあとから演習が本格的になってくるので、こちらとしても絶対伸びる、最終的には八割取れるという見通しがつきます。

第6章

髪を切り、スマホをガラケーに

最後の文化祭

「なな子にやってもらえると、すごく助かるんだけどな〜」

高三の二学期に入った。

高校での最大のイベントは九月にある文化祭だ。

三年生は体育館のステージで、各クラスが出し物をすることになっている。夏休みに入る前から話し合いが始まり、私のクラスはダンスパフォーマンスに決まっていた。振付はクラスのダンス部の子が考えてやることになっていたが、ダンス部でも文化祭のパフォーマンスがあるため、クラスのための全曲分を振り付けるまでは手が回らないようだった。

そこで、ダンスができる私に、一曲分の振付を考えてもらえないかと声がかかったのだ。

正直言うと、受験勉強の時間を削られるのは辛い。これから追い込みにかかる時期だ。無駄な時間は少しも残っていなかった。

でもいっぽうで、高校の友達と思い出を作りたいという気持ちもあった。高二の十一月にあった沖縄への修学旅行もＳＫＥ48のテレビ収録と重なってしまって参加できなかった。

ダンス部の子たちの大変そうな様子を見ていると助けてあげなきゃという気持ちも湧いた。

私のクラスでは、スポーツをテーマにしたダンスパフォーマンスをすることになり、クラスを競技別の四グループに分けた。私はその中でバスケットボールをモチーフに振付を考えることになった。

夏休みから練習は始まり、二学期が始まると朝練も連日行った。振付は授業中も必死で考えた。振付を完成させると、実際に踊って見せて、それを約十人のクラスメートたちができるようになるまで見守らなくてはならないので大変だった。

二学期になるとセンター試験の演習と二次試験の勉強も始めなくてはならない。ただでさえ、いっぱいいっぱいな時期だった。でもみんなと踊っている間は楽しくて、やっぱり私はダンスが好きなんだなと実感した。クラスメイトも「さすがプロ!」「キレが違うね」なんて持ち上げてくれた。

本番では自分が考えたバスケのパートではステージの端で踊っていた私だが、ダンス部の子たちが振り付けた曲ではセンターにされた。久しぶりにステージで踊る楽しさと、やっとみんなと一緒に学校の行事に参加できたことがとても嬉しかった。

クラスメイトと最後の思い出

模擬店での一コマ

スマホは敵だ!

二日間の文化祭が終わった日、ここから受験本番が始まるんだと決意を新たにした。その日のうちに、予約しておいた美容室に行った。背中まであった髪を切ることにしたのだ。シャンプーの後に髪を乾かす時間がもったいない。机に向かっているときに、結んだ髪の重さで肩がこるのもイヤだった。いや、本当はもっと儀式的な意味合いが強かった。私は何でも形から入るところがあった。高校野球の選手が、夏の甲子園予選前に頭を坊主にするのと同じだった。気合を入れたのだ。私は襟足が見える長さまで、髪をバッサリと切った。オカッパ頭みたいだった。

首回りが涼しくなったので、私は常にマスクを着けるようになった。アイドルの頃のようなスッピン隠しではない。もう絶対に風邪はひいていられない。

髪を切ったのと同じ日、受験勉強の追い込みに向けて、私はもっと大きな意味を持つ行動を取った。ケータイをスマホからガラケーに機種変更したのだ。ケータイを一番愛用する世代の女子高生の私がなぜケータイを退化させたのか。それはLINE対策だった。

スマホには、友達からの一対一のメッセージだけでなく、グループＬＩＮＥでひっきりなしにメッセージが入る。それにはリアクションしないわけにもいかない。そこで、ケータイをガラケーにして、メールしか受け取れないようにしたのだ。

女子高生にとって、必要不可欠な連絡は、はっきりいってほとんどない。他愛もないおしゃべりばかりだ。私がＬＩＮＥをやめると、連絡は本当に大事な連絡事項しかこなくなり、勉強に集中することができるようになった。電車などでどうしてもチェックしてしまうツイッターやネットサーフィンもこれでできなくなった。

はっきり言って、受験生にとってスマホは敵だ。仮にＬＩＮＥやネットなどで一日一時間スマホに時間が取られるとする。すると一年間で三百六十五時間を吸い取られることになる。この勉強時間は学力において、かなりの差を生むことになるはずだ。これで他人より勉強できる！　こんな単純計算から生まれた根拠が、私にやる気を与えてくれた。

「数学がな〜」

十月の全国統一高校生テスト（これは高校一、二年生も参加するもので中身はセンター試

バッサリいきました！　楽！

験本番レベル模試と同じだ）の結果。

英語…166点／200点
国語…136点／200点
数学…114点／200点
地歴公民…130点／200点
理科…59点／100点

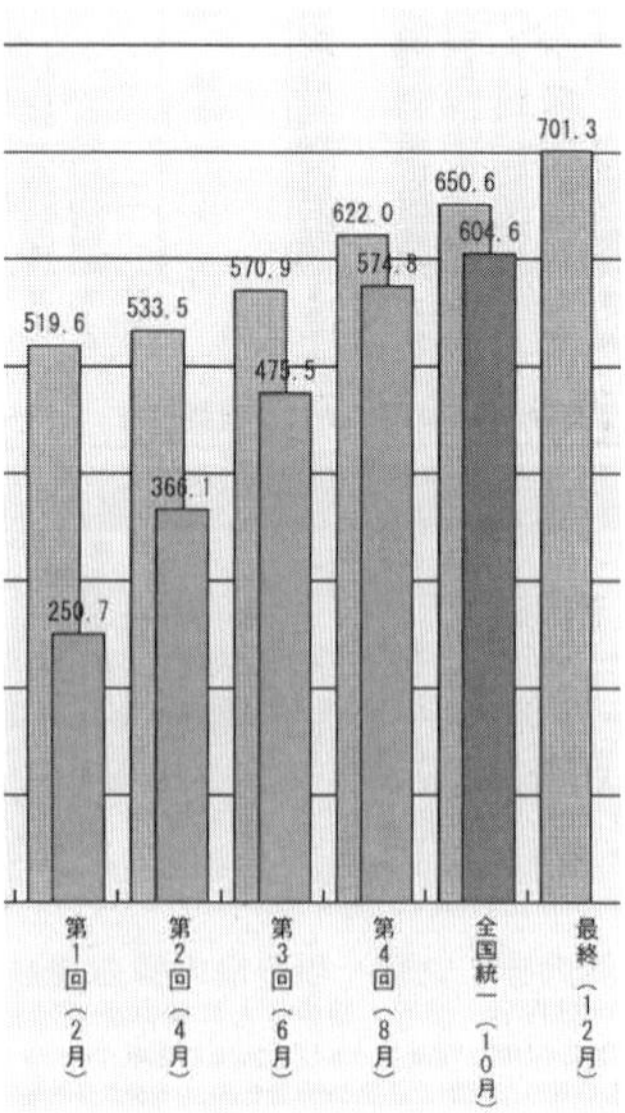

英語は前回とほぼ変わらず。国語は現代文（評論）でポカをしてしまったが、古文が五十点中四十一点と大幅にアップした。漢文も六割取れている。

数学はあれだけ「十月はいい点を取る！」と豪語していたにもかかわらず、前回と同じ点数だった。前回悪かった数ⅠAが上がった分、数ⅡBが下がってしまった。私はこのテストで数学への自信を完全に失った。それまでは英語と同様に、数学も勉強を続ければずっと点数が上がっていくものだと思っていた。本当にできるようになるのだろうか……。

地歴公民は世界史Bと倫理政経がともに六割超と着々と力がついている。理科は化学基礎と生物基礎がともに六割弱。
二学期に入って、東進の講座は二次試験対策のものになった。
名大の二次試験の特徴はこんな感じだ。

■英語
大問が四題で、そのうち長文読解が二題、会話文が一題、和文英訳が一題。長文は論説文が中心。
■国語
大問が三題で、現代文、古文、漢文が一題ずつ。
■数学
大問が三題で、それぞれに小問が三つほどつく。

二次試験は記述問題だ。数学は「難関大対策文系数学演習」という講座を受け始めたが、授業後に、その授業と似た傾向の添削問題が出て、それを記述で解答して提出し、添削して戻ってくるという講座だった。

名大の数学は、計算量が多いという特徴がある。私は計算が遅くてミスも多かったので、九月から東進の「数学計算演習」を受講した。計算力不足は父にもたびたび指摘されていたので、「今日はちゃんとやったか？」と父からチェックがよく入った。

東進は親にもログインＩＤが配られていて、パソコンから子供の模試の成績表がチェックできるようになっている。父はそれを小まめにチェックしていたので、私が模試の結果を持って帰ると、「ああ、見た、見た」とすでにチェック済みのことがよくあった。

毎回言われるのが「数学がな」という言葉だった。ただ、父も私が努力をしているのを見てくれたうえでアドバイスをくれたので、嫌だなという気持ちはなく、無関心でいられるよりは心の支えになっていたと思う。

地力はついてきた

受験期間はテレビを全く見なかった私だが例外が一つだけあった。ＮＨＫ大河ドラマの『軍師官兵衛』だ。『ＳＰ』以来、Ｖ６の岡田准一くんが好きで、この『軍師官兵衛』だけは観ていた。日曜日は予備校が午後八時で閉まる。そこから帰って、九時から一時間遅れで録画した大河ドラマを観るのが一週間に一度の息抜きだった。

三年に進級してから、高校での定期テストはほとんど対策をしなかった。一、二年生のときとちがって、受験勉強で地力はついていたので、対策をしなくても点数が取れるようになっていたのだ。

例えば二学期中間テストの結果はこんな感じだ。

現代文……52点（平均57・72点、クラス順位37人中25位）
国語演習……89点（平均53・18点、クラス順位37人中2位）
世界史B……77点（平均49・97点、クラス順位36人中4位）
政治・経済……76点（平均63・23点、クラス順位38人中9位）
リーディング（英語）……74点（平均62・38点、クラス順位36人中6位）
ライティング（英語）……72点（平均58・32点、クラス順位37人中12位）

だから、例えば授業で習った箇所を暗記しなくては解けないといった問題は捨てた。受験にも役立ちそうなところだけ勉強した。定期テスト期間中も、東進での勉強のペースは全く変えなかった。

数学は……六点！

十一月、二回目の名大本番レベル模試があった。六月に大惨敗を喫した名大の二次試験スタイルの模試だ。

英語…114点／200点	〔平均83.7点〕
国語…121点／200点	〔平均96.5点〕
数学…6点／200点	〔平均32.6点〕

英語は前回から八十点も伸びた。和文英訳の講座を除いて、二次試験対策の講座も修了していて、英語は二次試験に向けても完成しつつあった。

国語は現代文が七割、古典が八割以上取れている。勉強のスタートが遅れた漢文はまだ二割超しか取れていないが、逆に言えば、本番までにはもっと伸びるはずだ。

数学は前回衝撃の〇点だったが、今回も六点。二次試験対策も始め、答案用紙にもけっこう書き込んだにもかかわらず、点数は伸びなかった。

数学に関しては特別な苦手意識があった。普段の演習では解けるのに、模試の緊張感がある場になると、とたんに解けなくなってしまうのだ。英語や国語では、模試の緊張感がアドレナリンとなってパワーになっている感じがあるのだが、そのアドレナリンが数学になると裏目に出てしまい、焦ってちゃんと考えられなくなってしまうのだ。

友だちからの手紙

ある日、AAAのコンサートにも一緒に行ったまみが、予備校まで手作りのお守りを届けてくれた。それには手紙も添えられていた。

〈この前まみがななこにがんばってねと話しかけたとき、ヒヤヒヤしてました。あの強気ななこ（笑）が今なら受験で自殺する人の気持ちがわかるとかぼやいてたから……〉

私は友人から見ると、ここまで病んでいたらしい。確かにフルスロットルの受験勉強を一年近く続けてきたが、模試の判定ではまだ合格圏に入ってはいない。ここまで必死でやってきたが、その努力が実を結ぶかはわからなかった。でもここで逃げ出したら、それこそ本当に全ての努力が無駄になってしまう。

〈まじで名大とかまみには雲の上の大学だし、どのくらい勉強すれば入れるかとか、ほんとわからんけどすごいです〉

一年前の私も全く同じ気持ちだったのだ。でも、ここまでやってきた。

十二月、センター試験前、最後のセンター試験本番レベル模試があった。

英語…172点／200点
国語…148点／200点
数学…119点／200点
地歴公民…152点／200点
理科…70点／100点

2014年　　　　　　　　　　　　　　　　　　　　　　　　　　　　実施日　2014/11/9

第2回 11月 名大本番レベル模試

個人成績表

校舎CD	校舎名	高校名	学年	受験番号	氏名
[redacted]	[redacted]	中京大学附属中京	3年	[redacted]	菅　なな子

この個人成績表は名大入試合格へ向けて有効な資料となります。各科目とも合格ラインまで「あと何点」得点すればよいのかを示しています。「出題内容別到達状況」を確認して、一つ一つ課題を克服しましょう。

1　志望学部等における今回の得点　　名古屋大 経済　前

	第2回 11月 名大本番レベル模試			志望学部等				あと何点
科目	満点	得点	受験者平均点	満点	得点※	目標得点	目標到達率	
英語	200	114	83.7	500	285.0	322.5	88.4%	37.5
国語	200	121	96.5	500	302.5	320.0	94.5%	17.5
数学（文科系）	200	6	32.6	500	15.0	182.5	8.2%	167.5
合計	600	241	212.9	1500	602.5	825.0	73.0%	222.5

※ 志望学部等の得点は、各学部等の配点により傾斜・圧縮した得点です。

④ 第1志望校合格者の成績の軌跡
（第1志望校合格者の昨年度の成績の推移を表しています。今後の目標設定の目安となります。）

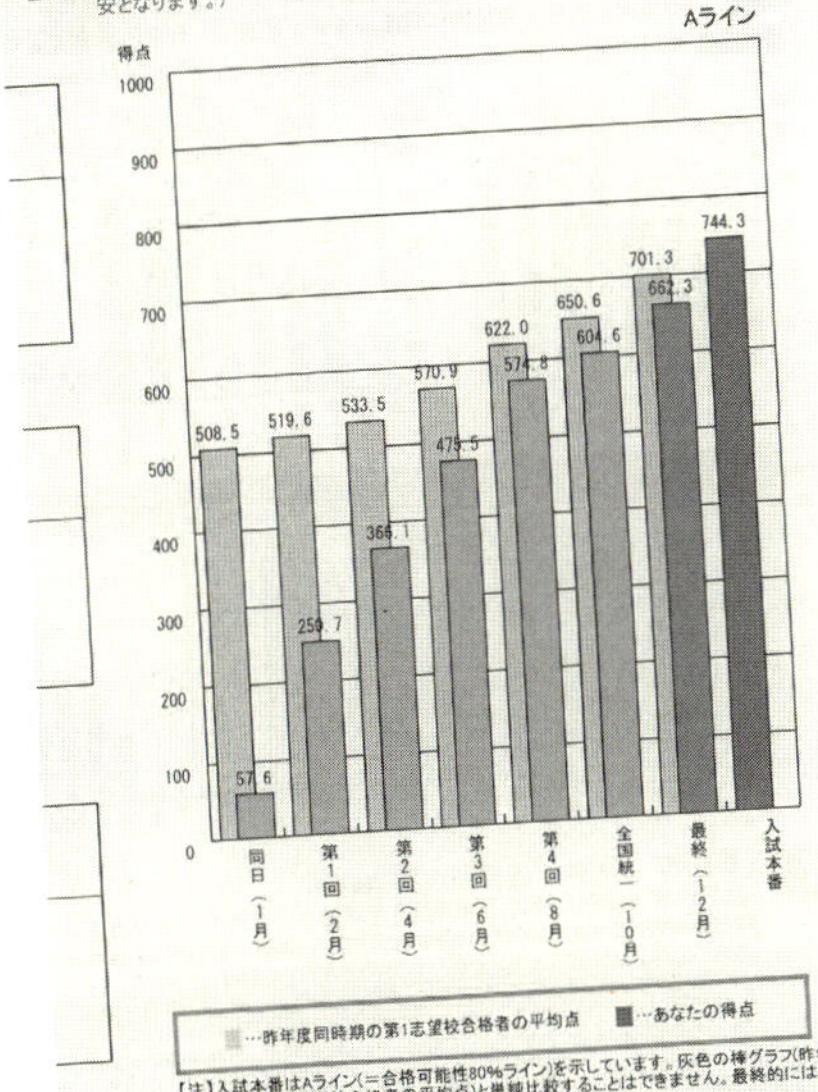

【注】入試本番はAライン（＝合格可能性80%ライン）を示しています。灰色の棒グラフ（昨年度同時期の第1志望校合格者の平均点）と単純比較することはできません。最終的にはAラインを突破できるように頑張りましょう。

上は11月の名大二次の模試。6月よりましだけど、まだまだ足りない。
左は12月までのセンター模試の成績をまとめたグラフ。手前が私。後ろの合格者レベルにぐんぐん近づいた！

英語は問題なし。国語も目標の百六十五点には達しないが、漢文でも七割取れている。数学は数ⅠAが七割超えしたいっぽうで、数ⅡBは前回よりも下がって四割五分程度しか取れていない。地歴公民は倫政がまだ七割弱だが、まだ伸びるだろう。理科もこのくらい取れれば御の字だ。

五教科八科目の合計点は、六百六十一点。センター試験でのボーダーライン七百点まではあと三十九点足りない。

これがセンター試験本番を直前に控えた私の、最終的な実力ということになる。

伊勢神宮へ

年が明けてお正月、家族と例年通り伊勢に初詣に行った。毎年、大阪の祖母の家に車で向かうときに伊勢に寄って行くのだが、この年は受験のために、伊勢までの日帰りとなった。

伊勢内宮の近くにある猿田彦神社にいつも参拝している。ここは伊勢参りでも内宮、外宮に次ぐ人気スポットだが、境内はその二つに比べて遥かに小さくて、ごくごく普通の街中にあるような神社と同じ規模だ。ただこの境内には佐留女神社があり、猿田彦大神の妻・天宇受売命（アマノウズメノミコト）が祀られている。天宇受売命は天照大神を岩戸から出すために神楽を舞ったことから、芸能の神様といわれ、歌舞伎役者や有名俳優などがお参りに来るという。私もSKE48の頃にはここでお参りして活躍を祈っていた。

猿田彦神社は「みちひらき」の神様と言われていて、受験にもご利益があるという。私は〈センター七百五十点　名古屋大学合格〉と書いて絵馬を奉納した。

最後の模試が終わってから、センター本番までの一カ月は数学を重点的に勉強した。予備校が開く九時までは、近くの喫茶店で勉強していた。国語の漢文、地歴公民の積み上げが計算できるとすれば、あとは数学さえ、点数が取れればセンター七百点、ひょっとすると絵馬に書いたとおり七百五十点も夢ではない。七百五十点は名大の合格率八〇％以上にあたるA判定の得点だ。

センター試験の過去問をずっとやっているうちに、数ＩＡなら、百点満点中九十点台を取ることもあった。現役生は最後の最後まで実力が伸びるという。名大まで必死に手を伸ばしていた私だが、それは現実に手が届きそうなところまできていた。

井上貴太先生の一言③

十一、十二月は大学対策といって、自分が受ける大学の二次試験問題の対策に集中するんです。大学によって二次試験の問題は全然異なります。ですから、その大学専用の勉強が必要なんです。

数学は十一月の名大本番レベル模試でも六点ですね。でも文系の場合、なかなか点数が取れないんです。だから「トータルだからな」という話は常々していました。「数学で取れないなら英、国で稼げよ」と。それにしても取れなさ過ぎですが（笑）。ただ、例えば大問三題だったら、そのうちのひとつでしっかり取れたら、それだけで平均点に乗ってくるんです。

一般的な生徒だと、学校の定期試験の一週間前に受講がピタッとストップしてしまいます。学校の成績を取るために、そっちの試験勉強にシフトしてしまうんですね。でも彼女の場合はそれがなくて試験期間中も東進に来ていました。自分の目指すところが受験だとはっきり意識していたので、定期試験中もペースを乱すことなく受講していたんです。

模試の成績が悪かったのをきっかけに、モチベーションが下がってしまう生徒もよくいますが、彼女の場合はそんなに動揺することはありませんでした。点数が悪くても「次、頑張ります」と前向きに取り組んでいました。

第7章

ななこの受験勉強環境づくり七カ条

受験勉強を始めたのが高校二年生の十二月だった私。センター試験まではたった一年しか残っていなかった。しかも、ＳＫＥ48の活動で、高校の授業もきちんと受けられていなかったから、当然のごとく勉強は基本中の基本から始めなくてはならなかった。センター試験は五教科八科目もある。やるべきことは山ほどあった。

私にできることは、残りの日々を、他の誰よりも勉強して過ごすこと。そのためには、一日のうちでムダな時間を限界まで削り出して、たくさんの勉強時間を確保しなければならない。しかも、その時間は集中力を維持して勉強し続ける必要があった。

そこで私は「長時間」「集中力維持」のためにこんな環境を用意した。

1　一日六時間睡眠、昼寝は厳禁

脳がきちんと働くためには寝不足も寝過ぎもいけない。私は夜の十二時に寝て、朝の六時に起きるというリズムを一年間守った。朝ご飯の前に、英語の音読を続けていたが、これは脳を目覚めさせる効果もあった。

昼寝をしてしまうと就寝時間がズレてしまい、せっかく作ったリズムが狂ってしまう。昼ご飯を食べるとどうしても眠くなってしまうが、そんな時は頬をつねって眠らないようにしていた。昼寝ナシを続けていると段々身体も慣れてくるもので、午後も眠くならなくなった。

もう一つ、眠気覚ましに頼ったものは、母が毎朝用意してくれたコーヒーだ。私にとって、ブラックで飲んで生まれて初めて美味しいと思えたのはスターバックスだった。だが毎日買うとお小遣いが大変だ。そんなときに母がスーパーでスタバのドリップコーヒーを見つけてきてくれて、毎朝淹れてポットに詰めてくれた。形から入る私としてはポットもスタバのものにしたかったが、母は「高い」と買ってくれなかった。そこで父と二人で出かけたときにおねだりしたら、すんなり買ってもらえた。長時間の勉強の中、お気に入りのコーヒーとポットの存在は大きかった。

2　ケータイを「ガラケー」に

受験勉強も佳境に入った高三の二学期。私は携帯電話をスマートフォンからガラケーに機種変更した。これはもっぱらLINE対策だ。一対一のやり取りもだけれど、友達とのグループLINEはひっきりなしに入ってくる。返事を返さないわけにもいかないし、あまり返事が遅くなってしまっても気まずいものだ。

だから思い切ってガラケーにして、ＬＩＮＥから離脱した。そうすると、本当に必要な連絡しか来なくなった。スマホを持っているとネット情報にもついつい、手が伸びてしまう。特に電車に乗っているときがそうだ。でも電車に乗っている時間は単語や年号を覚える貴重な時間だ。私はガラケーにして、それらの誘惑を断った。ＬＩＮＥをやめたことで、たまに友達と電車で一緒に帰るときなど、直接話す機会がとても新鮮に感じて、いい気分転換になった。

3　〝女の子〟に時間をかけない

女の子は男の子に比べて、身だしなみに時間がかかりがちだ。朝のメイク、洋服選び、髪のブローなど。これらも塵も積もれば何とやらで、この時間を短縮できれば、受験勉強時間もその分確保できる。ＳＫＥ48時代はファンの目もあるので、外出するときは多少のメイクをしていたし、洋服もそれなりに気を配っていた。でも、受験生になったときに見た目を気にすることを、意識的にやめた。見た目を気にしてはいけない！　と自分に言い聞かせた。受験生になってからはスッピン顔をマスクで隠して過ごしていた。マスクは風邪予防にもなるので一石二鳥なのだ。

洋服は毎朝あれじゃない、これじゃないと迷わなくても済むように、トレーナーを二枚買って、それを交互に着るだけにした。下はジーパンとスニーカー。遊びに行ったりして写真を撮るタイミングもなく、かなり野暮ったい恰好だったから、写真を残したいという気持ちは全く湧いてこなくて、その頃のものは全然残っていない。

髪もバッサリと耳が出る長さまで切った。これは気合いを入れる儀式的な意味合いも強かったが、時間節約が目的だった。シャンプーのあとのブローに時間をかけたくなかったのだ。机に向かっていると髪の重さで肩が凝るということもあった。頭がすっかり軽くなって肩こりも改善したので、ショートカット効果は思いのほか高かった。

4　オープンキャンパスで受験勉強のモチベーション回復

夏休みを中心に開催される大学のオープンキャンパス。ほとんどの人は志望校選びの参考にするために行くのだろうか。私が高三の夏休みに名大に行ったときには、周りは高一、高二の生徒が多かったように感じた。

もちろん、それも正しい利用法だけれど、私はむしろ受験勉強に疲れたときのカンフル剤として有効だと思う。高三の夏休みは朝から晩まで受験勉強にとりくんでいるので精神的にしんどい時期だ。そんなときにオープンキャンパスに参加することで、勉強へのモチベーションが再び戻ってくる。

中学、高校と比べものにならないスケールの緑豊かなキャンパス。大学でできるカレシと歩く姿を思わず妄想してしまう並木道。私は第一志望の名大経済学部の模擬授業に参加した。これぞ大学という感じのすり鉢状の大教室での模擬授業で、すっかり名大生になった気分に浸った私は、絶対名大しかない！　と再びやる気を燃やした。

もう一つ良かったのは、現役名大生と面談できるコーナーがあって、そこで模試の成績などを聞けたことだ。夏休み時点ではそんなに点数を取っていなかったと聞いて、私もこれから頑張ればいける！　という気持ちになった。

大学によっては夏休みだけでなく、秋にもオープンキャンパスを開催しているところがある。何度でも行って、やる気を復活させればいいと思う。

5　高校のテスト勉強でペースを乱さない

一年生、二年生のときは芸能活動のために、授業も休みがちで勉強できず、赤点を取るか取らないかでヒーヒー言っていた定期テストだが、受験勉強を始めると、定期テスト用の勉強を特別しなくても、点数を取れるようになった。特に英語は実力がついてきたことがモノを言った。

私の原則は、受験にも役立つようなものであれば定期テスト対策用の勉強もするが、そのテストのためだけの勉強、例えば暗記作業は全くやらなかった。

私は、受験生にとって勉強する目的は、学校でいい成績を取るためではなくて、大学に合格するためだと割り切っていた。時間は限られているのだから、合理性を追求する必要があるのだ。

私は勉強の予定ノートを作り、いつまでに終わらせなきゃと自分を追い込んだ。また、テスト毎に目標点を設定して、達成できたかをチェックした。

6 ライバルを作る

同じ予備校に通う子で、京大の理系志望の男の子がいた。もちろん理数系教科では勝負にならない。でも、英語ではいい勝負で模試では私が勝つことも多かった。だから、毎回その子と英語で勝負するのが、私にとって張り合いになり、勝ったときにはプライドを満たしてくれた。他の子とも模試の結果を見せ合うことで、自分の成長を確認することができた。

受験勉強は一人でする孤独なものだ。だからこそ、自分を刺激してくれるライバルは、負けたくないと勉強へのモチベーションを上げてくれる有難い存在だ。

7　家族を受験に巻き込む

受験の一年間は本当に家族に甘えていたなと思う。理数系の父と兄には数学を教えてもらった。母には毎朝のコーヒーと、模擬試験から私用に「トイレが近くならない弁当」を作ってもらった。父は私の模試の成績を東進の父母用ページでチェックしていて、私より先に結果を知っていることもあった。でも、それはそんなにイヤというわけでもなくて、父も自分のことが気になっているんだと思ってうれしかった。父とはその結果を一緒に見て、自分の成績と名大合格者との差や、自分の弱点を読み取って、今後の課題を一緒に考えた。家族の協力は受験を戦う私にとって、精神的にも心強くて、すごく支えになっていたと思う。

第8章

センター試験での失敗

その日は来た

センター試験前夜。

その日は予備校も少し早めに、八時くらいには後にした。井上先生はじめ、予備校の先生たちに「頑張ってこいよ」と見送られて。

寝る前に少し英語を復習して、眠りについた。意外とすんなり眠ることができた。

二〇一五年一月十七日、センター試験一日目。その日はいつものように、朝六時に目覚めた。いつも通り、朝ご飯を食べて、いつもの地下鉄に乗り込んだ。会場は中京大学。私の高校の一つ手前の駅だ。

大学の入口に差し掛かると、高校の先生たちがたくさん待っていた。中京高校の生徒たちを激励するために待っていたのだ。

「頑張れよ」

その中には担任の谷口進午先生もいた。

世界史を教えてくれた谷口先生はピンクのネクタイを愛用するお茶目な先生で、いつもは少し離れて見守るタイプだが、頼りたいことがあるとちゃんと応えてくれる先生だ。センター直前には〈センター突破のコツ〉の手紙をくれた。

〈最後は自分を信じること。そして科目の長～い待ち時間で集中力を上手にｏｎ／ｏｆｆすることです。あとは日曜朝に土曜のテストの解答解説を絶対に見ないこと！（笑）〉

試験会場は高校の教室よりも小さめの部屋で、大学だから大きな教室かと思っていた私は少し拍子抜けした。中京高校の生徒も何人か姿があった。

一教科目は世界史Bと倫理政経。社会科目はセンター試験の中では珍しく時間が余る。だから落ち着いて解くことができた。ただ百三十分の試験時間の半ば過ぎから、猛烈にトイレに行きたくなってきた。試験前にちゃんと行ったのに！　緊張するとすぐこうなるのだ。

申し出れば行けるのだろうけど、みなシーンとしてる中で、「トイレに行かせて」というのも……。それで動揺するのもやだなと思い、終わるまで我慢した。でも試験の手ごたえはあった。

手ごたえのあった一日目

次は国語。評論文はこの年はかなり簡単だった。前回の一三年度と一二年度がすごく難しくて、解きながらけっこう絶望していたが、今回はツイッターの話で、身近な話題でもあるし、すごく読みやすい文章だった。小説のほうは新しい形式の問題があって、それに引っかかって外してしまった。古文と漢文はかなりの手ごたえがあった。

そして一日目の最後は英語。問題なく解くことができた。

一日目は得意科目ばかり。良くても悪くても二日目に悪い影響があるからと、自己採点はあえてしなかったが、手ごたえを感じ過ぎて、興奮してその夜眠れないほどだった。

問題は数学がある二日目だった。ただ直前の一カ月は数学に集中して力を注いできたこともあり、センター試験の過去問を解いているときには、数IAで百点満点中九十点台を取ったこともあった。そんなこともあって、この時点ではセンターレベルの問題には、ある程度自信がついていた。

二日目の試験が始まった。最初は理科。いつも苦手だった化学がちょっと簡単で、あれ、できちゃったという感覚。化学は計算問題がなかなか理解できなくて、何度も先生に聞きに行ったのだが。逆にいつもけっこう点が取れていた生物で、見たこともないようなことを聞かれて驚いた。ゲノムの問題。

ヒトのゲノムは約30億塩基対からなっている。タンパク質のアミノ酸配列を指定する部分（以後、翻訳領域とよぶ）は、ゲノム全体のわずか1・5％程度と推定されているので、ヒトのゲノム中の個々の遺伝子の翻訳領域の長さは、平均して約［チ］塩基対だと考えられる。また……

ここからは焦ってしまって、もうわかんないやという感じだった。答えも八択で、こりゃ当たらないわという感じだった。理科の勉強は東進で生物と化学を各十コマ受けただけで、それだけを勉強していた。ゲノムは教科書でいう「発展」のところから出てきたのかもしれない。

いよいよ、センター最後の教科。数学の時間がやってきた。一日目はうまくいった。ここが勝負だ。直前には過去につまずいた問題を、もしかしたらここから出るかもしれないという思いで見直していた。

賭けは見事に外れた

まずは数ⅠAから。まず頭からサーッと通してやることにした。最後になるにつれて難しくなるものだ。最後の大問までは割と順調に進んだ。最後の大問は選択問題。三個のうちから二つを選んで解くというものだった。

捨てたのは整数の問題。これまでも全然できなかったので「ああ、ムリムリ」とすぐに捨てた。

選んだ二つのうち、一つは図が描ければ解ける問題だった。だが、それが全然描けなかった。いつもの傾向と違うような図を求められていたのだ。この問題を粘るか、他の問題を見直すか。私は見直しの時間を捨てて、この問題にかけることにした。

この問題に取りかかっているときがセンター試験で最大に焦っていた瞬間だった。私の賭けは見事に外れた。盛大に時間をかけたにもかかわらず、全くわからなかったのだ。

数ＩＡの時間が終わった。その瞬間、思わず知り合いのところに行って、「図、描けた？」と聞いていた。

「描けなくない？　これ」。その子も「無理だった」という。テンパっていた私は受験していない友達にもメールをしていた。そして父にも〈数ＩＡ爆発☠〉とメールを送った。父からは〈落ち着け〉と返ってきた。

（いったん、落ち着こう自分）

外の空気を吸いに出かけた。

（これはみんな解けないでしょ）

そう思うことにした。取れるところだけ取っておけば大丈夫。大丈夫のはず！

昼食休憩を挟んで数ⅡＢが始まった。数ⅡＢはセンターの模試でも点数が取れていなかった。百点満点中五十九点が最高で、最終の模試でも四十六点だった。それでもセンターの過去問では七十点を取ることもあった。

ただ本番はダメだった。決して焦っているつもりはなかったが、数ＩＡの失敗を引きずっているところもあった。一問、文系志望では解けないような微分の問題が解けて、それで満足してしまった部分もあった。文系なのにできたよ、それだけが誇りだった。ボロボ口だけどあの問題だけはできたよと。

天国と地獄

二日間のセンター試験が終わった。

この二日で私はまさに天国と地獄を味わっていた。終わってみれば、数学がヤバ過ぎるという思いしか残らなかった。

私は予備校に急いだ。すぐに井上先生に伝えたかった。「死にました」と。だが予備校に着くと、一日目の試験の解答が出ていた。私は試験問題にメモしてあった自分の答えと照らし合わせた。

最初に国語を採点しながら、手が震えていた。調子が良かっただけに、一個のミスも許されないぞと。国語は一問の配点も大きい。私は高揚していた。ブースの中で自己採点していたが、一科目終わるごとに「センセ〜」と報告しに行った。まさに一喜一憂という感じだ。

英語…182点／200点
国語…176点／200点
地歴公民…165点／200点

三教科とも東進の模試を含めて、自己最高点だった。特に国語は古典が満点、漢文が一問外しただけだった。

「これはイケるわ！」

関西弁の井上先生もすごいハイテンションだった。

「でも、数学は本当に期待しないでください」

私は予防線を張るのを忘れなかった。それでも井上先生は、文系科目がこれだけ取れていたら、数学もこのくらいだけ取れてればいけるよ、と言ってくれた。

「数Ⅰ・A、七十はいけてるでしょ？」

選択問題の二十点をまるまる落としても、まだ八十点残っている。そこで少し落としても七十点くらいは取れてるんじゃないか、井上先生はそう予想した。私もその気になっていたのか、

「まあ、多分いけてると思います」

なんて答えていた。そのときの私はそこまで深刻さをわかっていなかった。

井上先生は数ⅡＢについても、

「いや、五十点はあるでしょ」

と言う。私は、

「まぁありますかね。わかんないですけど……。でも、あるかもしれないです！」

と確かな根拠もないまま、答えていた。

その日の夜は、お疲れ様の意味を込めて親が回転寿司に連れて行ってくれた。ボックスシートの寿司が流れるレーンに面した席に陣取り、私は浮かれていた。炙りサーモン、玉ねぎのスライスが載ったサーモン、大好きなサーモン尽くしだ。うまい！

少しの不安を感じながらも、私は今が一番幸せな時間なんだとはっきり自覚していた。

向かいには東進に通い始めた弟が座っていて、一年前の私と同じように、「センター試験同日体験受験」を英数国の三教科受けていた。英語は弟にトリプルスコアで圧勝していた。すこぶる気分は良かった。高一でそりゃ、取れないはずだが……。家に帰るまでは平和な一日だった。

家に帰ると、二日目の正解が出ていた。

いきなり現実に引き戻された。怖かった。数学の丸付けができなかった。問題は二度と見たくなかった。父に代わりにやってもらった。ダイニングテーブルで父が答え合わせをするのを、私はそばで見ていた。

それでも怖くて、まずは少しはましな理科から始めてもらった。割と手ごたえのあったはずの化学でも父から「はぁ」というため息がもれた。凡ミスを連発していたのだ。

「なんで、ここにマークしてるの?」

「あ、まちがえた……」

そんなやり取りが続く、重苦しい時間だった。

父も少し手が震えていた。そのとき、ちょっと酷な役を背負わせてしまったことに気付いた。

数学も同じ空気のまま、答え合わせが続いた。

数学…87点／200点
理科…68点／100点

答え合わせが終わり、ダイニングテーブルの椅子に座り、私と父は茫然としていた。

ああ、やっぱりこうなったか……。

初めての涙

そんなときだった。数ⅠAだけを受けた弟が自己採点を終えて、そばにやってきた。数学も弟と勝負と言っていたのだった。手に持った問題用紙の表紙には、七十点という点数が書いてあるのが目に入った。弟は満足げな顔をしていた。

「姉ちゃん、何点だった～？」

私は五十四点だった。英語で私に惨敗したリベンジと思っていたのかもしれない。しかし、私にはそんな弟の気持ちまで推し量る余裕はなかった。

「それ、今じゃなきゃダメ⁉」

弟に向かってキレていた。弟は何が起こったのかわからずに固まっていた。父もそんな弟に、空気読めよと思ったのだろう。「ほら、部屋に戻りなさい」と諭していた。敗者をいたぶるなよ、と父は言っているのだった。母は台所で洗い物をして、背中でその様子を聞いていた。


その夜、受験で初めて泣いた。

ベッドで真っ白な天井を見つめていると、涙がスーッとこぼれていった。

私の今までの努力は何だったんだろう……。

数学の答え合わせの後、父は「こういうところもあるよ」とセンター試験で理系科目を重視しない大学を提案してきた。父はいつも先回りしていろんなことを調べてくれていた。

御茶ノ水、奈良女子大……。

でも、父からすればフォローのはずの提案は、余計に私を滅入らせた。お父さんが名大いける、いけるってあんなに言ってたんじゃん！　目の前で父が他の大学を探すのを見るのが一番辛かった。辛かったし、寂しくなった。お父さん、もうあきらめたってこと？　私に実家から離れてほしくなかったんじゃないの？

その光景を思い出して、ベッドで泣いていた。

そうは言いながらも、私は名大の他学部を調べていた。教育学部はセンター試験の理系の比重が少なかった。情報文化学部は二次試験は英語だけの受験だった。

数学をもう捨てるか？　でも、負けっぱなしでいいのか？　だんだんと悔しさのほうが勝ってきた。よし、二次試験で絶対やったる！

最後まで頑張る

翌日予備校に行くと、井上先生は私の結果をすでに知っていた。前日、自分の解答を東進の端末に入力しておいたのだ。

「終わりましたー」

私は明るく泣き言を言った。

「いやー、でもまだいけると思うぞ」

井上先生はヤバいとわかりつつも励ましてくれた。

「ここまで頑張ったのなら、名大目指したいよな」

私が絶対名大と言っていたのも、必死で頑張っていたのも見てくれていた先生はそう言った。

「名大受けたいやろ?」

「はい!」

私は躊躇なくそう答えていた。


高校でも河合塾や駿台予備校を使って、センター試験の自己採点をもとに合否の可能性を出してくれる。合格の可能性は三〇%だった。

進路指導室で特進クラスの先生と会った。「どうだった?」と聞かれて、「ちょっと数学で……」と伝えた。その先生はハッキリ言うタイプだったので、「無理だよ」と言われるなら、その先生かなと思っていた。「ちょっと話そうか」と言って先生は、細かいデータが入った資料を見せてくれた。「去年はセンターのこの点数から受かった生徒もいる」といった話をしてくれた。「あなた、力があるから二次で絶対挽回できると思うよ」。力あるって、そんな風に思っていてくれたんだ。その言葉に、またやる気がわいてきた。

私大でも失敗

この頃、ＳＫＥ48のドキュメンタリー映画『アイドルの涙』の撮影で、卒業生の私もインタビューを受けることになった。久しぶりにファンに姿を見せるということで、どんな恰好をしていこうかと考えたが、可愛く着飾るよりも、今の受験生の私を見てもらおうと思い、レッスン着として使っていたパーカーとジーパンで出演した。

二月に入って、すぐに私大の受験がやってきた。私は名古屋で受験できる立命館大経営学部国際経営学科と同志社大経済学部の二つを受けた（本当は関西大学にも出願していたのだが、うっかりして立命館と試験日が同じことに気づかず、受験料をパーにしてしまったのだ)。どっちも英数国の三教科で受験した。私にとっては名大の二次試験をにらんでのステップという意味合いだったので、過去問も立命館は三年分、同志社は一年分しかやらなかった。立命館は数学で珍しい問題が出て焦った。同志社は英語が難しかった。準備を含めてあまりにもなめていた結果だった。それでも立命館はなんとか合格。ただ、同志社は見事に落ちてしまった。

思い当たる原因が一つあった。朝、受験会場に向かう地下鉄で、少し前に中学時代の友達づてで知り合った他校のイケメン男子と一緒になったのだ。その子も同志社の受験に向かっていたらしく、その友達と三人で受験会場に向かったのだが、久々にイケメンと再会したテンションと、その友達のおしゃべりが止まらなくて緊張感がゼロになってしまった。試験の準備も足りないうえに、そのせいで、肝心の試験も集中力がいまひとつ高まらないまま終わってしまったのだった。

しかも、そのあとで問題が勃発した。立命館の入学金の締め切りが名大の合格発表の前に設定されていたのだ。私はもう絶対に名大! という気持ちでいたので、もし名大に落ちたとしても浪人をさせてもらいたかった。でも、父は何も浪人までしなくてもという考えだった。

父は「とりあえず、入れておくから」と入学金を支払ったが、私はそれがまた名大を目指す同志の裏切りに思えて、腹が立っていた。

センター試験が終わり、私大受験もこなして、私の中で緊張の糸が切れかかっていた。予備校も他の三年生は受験を終えていて、主役は二年生に移りつつあった。なんだか脇役みたいな感じになっちゃったな、という疎外感もあった。京大受験を控えた男の子の友達と「肩身狭いよな」と言っていた。

その子とは模試のときから、いつも英語と国語で競い合っていた。センターの英語で勝ったのが、私の唯一の誇りだった。ただ数学ⅡBで「三十点だよ（自己採点ではそうなったが、後で三十三点と判明した）」と言ったら、一瞬「エッ」ていう顔をされた。すぐに気を遣って励ましてくれたのだが。

ひねくれてしまった私

少し休ませてよ。

そんな気持ちから、三、四日間、すごくダラけた日があった。午後から予備校に出かけたり、行かない日もあった。母も心配して「行かないの?」と聞いてきたが、「行くよー」とだけ答えて動こうとしなかった。父も母もうるさいことは言わなかった。腫れ物に触る感覚もあったのかもしれない。私はひたすら寝たり、参考書をダラダラ読んで過ごした。

その頃、始まった引っ越しの準備も私をイラつかせた。勉強に集中させるため、父が私の荷物をまとめてくれていたが、「触んないでよ」という気持ちだった。完全にひねくれていた。

名大の二次試験の一、二週間前に、新居の引き渡しがあった。引っ越しは受験後だったので、私だけカギをもらって、そこで寝泊まりした。新居のほうが予備校に近かったからだ。ガラーンとした何もない家に、布団だけ敷いて寝泊まりした。朝は喫茶店に行って、ご飯を食べて勉強。昼は松屋、夜は十時過ぎに帰るので食べないで寝ることが多かった。

だらけていた時期も、何とか乗り越えた。家にいてもかえって焦るだけで、いつも通り予備校に通っているほうが心が落ち着くことに気付いたのだ。そこからは名大の過去問をひたすら解いていた。特に数学だった。二次試験の数学はさらに難しくなるが、それでも点数を少しでも拾わなくてはならない。

二月二十五日、試験当日を迎えた。できることはやったかなという思いだった。自信はそれなりにあった。絶対、受かる！　そう思って試験に臨んだ。

八月のオープンキャンパス以来、半年ぶりに名大に来た。試験会場は、オープンキャンパスで模擬授業を受けた経済学部棟の大教室だった。一度別の教室に入ってしまい、私の受験番号の席が全然見つからずに焦ってウロウロしてしまった。

ようやく自分の教室を見つけて入ろうとすると、後ろの女の子が「あーあ、今頃京都にいるはずだったのにな」と話すのが聞こえた。京大をあきらめて名大を受けているらしい。そうだよな、そういう子もいるよな。強敵の出現にプレッシャーは高まった。

私が他の子たちよりリードしているのは、オープンキャンパスで体験していた、この教室のスライド式イスの座り方を知っていることくらいだった。

名大二次試験開始

名大の二次試験は英数国の三教科で各五百点満点で合計千五百点満点。センターと合わせて全体の六割がボーダーと言われていた。センターが九百点満点なので合計で二千四百点満点。センターの私の得点が六百七十八点なので、六割に達するためには、あと七百六十二点が最低必要だ。目標としては、余裕をもって英語と国語が七割で、数学が六割というところだった。

一日目は英語だけだった。名大の試験では、大問が四つあり、私はいつも四→一→二→三の順番で解いていた。四は和文英訳で、これはこだわろうとすると、どこまでもいろいろと考えてしまうので最初にサーッと書くことにしていた。あとは、その時に浮かばなかった単語が一、二、三の問題で見つかることもあるのだ。
すると、大問一の内容が、和文英訳と同じようなことに触れている内容だったので、作戦が成功した。

大問一がこの年は簡単だった。スマートフォンについての長文問題だった。

The mere presence of a smartphone is enough to drag down the quality of a face-to-face conversation, according to a new study. ……

いける、いける。このときの快調さといったら。この時点で私は受かるという気分になっていた。センターのときの再現のようだった。大問四の和訳英文もけっこうできていたし、前半はすこぶる調子が良かった。だが大問二の長文が強敵だった。

大問四と大問一は、いつもより全然早く終わっていた。だが、この大問二で時間をすごく取られた。結局、あんまり納得していないけどこれでいいや、という感じで終わらせて、大問三に移った。すると、いつもの年と傾向が変わり英作文になっていた。英語の問題文に対して、あなたの考えを英語で書きなさいというものだった。

だが和文英訳の勉強は英作文の準備にもなっていた。それほど焦ることはなかった。時間はあまり残っていなかったが、ダーッと書いていた。手ごたえとしては少し焦ったところもあるが、大丈夫かなというものだった。七割は取れたんじゃないかという感覚だった。英語は名大の過去問でもけっこう取れていたので、自信はあったのだ。

ダメだった……

その日も終わると予備校に行き、数学の過去問と、古文の単語。最後の悪あがきをして家に早めに帰った。父には「英語、どうだった?」と聞かれたが、「まあまあかな」とだけ答えた。その夜は父が見つけて買ってくれた『名古屋大学数学入試問題50年』のポイントを父から教えてもらった。東進でやっていた過去十年分はやりつくしており、父が「名大はけっこう何十年前の問題がまた出る」と買ってきてくれたのだ。そのおさらいを簡単にして、センター二日目前日に興奮して眠れないという失敗をふまえて、早めに布団に入った。十二時前には眠りについていた。

二日目も同じ教室の同じ席で試験を受けた。私が試験前に参考書を開いて復習していると、後ろの席の女の子がアイパッドを開いて、アマゾンで化粧品を見ていて、「この子、よくこんなときに……。そんなに余裕があるの!?」と思った。

二日目は数学からだった。

名大の数学は大問が三つ。大問一に小問が四つ、大問二、三は小問が三つという構成だった。

大問一の図形と方程式の問題から取り掛かったが、十五分くらい考えて難しいからパスした。大問二の確率の問題に進んだが、大問一が全くわからなかったことの焦りで集中できなかった。十五分かけて少し解答を書いたが、自信なしで大問三に移った。高次方程式を問うこの大問三の小問一でやっと自信を持って解ける問題に出合った。

$\left(\sqrt{9+2\sqrt{17}}+\sqrt{9-2\sqrt{17}}\right)^2$を計算し、2重根号を用いない形で表せ。

これは高校二年生でも解ける問題だ。ここで少しでも点を稼がないと！　必死で書きこんだが、小問二、三は難しく、あとはほぼお手上げだった。最後の二、三分はやることがなくなり、ただただ試験監督の先生をにらんでいた。ここまで頑張ってきたのに……。後期日程で名古屋市立大学を受けることになるのか。名大はダメだったか。

数学を終えて、国語を受けずに本当に帰ろうと思った。ああ、もうやめよっかな！　やけっぱちな気持ちになっていた。

でもとりあえずご飯食べよう。いつもの母の弁当を開けた。ご飯を食べていたら、今までの模試が頭に浮かんできた。頭に血がのぼっていたのが、だんだんと落ち着いてきた。自分のことしか考えられていなかったが、家族に支えられてきたことを思い出した。まあ、国語まで受けて帰るか。そう思えるようになっていた。

国語は難しいなと感じるような問題はなくて、いつもの過去問のように解けた。時間も少し余って見直しもできるくらいだった。うまくいったと感じた英語よりも、さらに手ごたえがあった。ここで、もしかして受かるかも、というかすかな希望が生まれてきた。

私の名大受験が終わった。

それぞれの目標に向かって

実はこの日、ＳＫＥ48の同期で仲が良かった岩永亞美と名古屋駅前で会う約束をしていた。

「今日、試験だったんだっけ？」

試験について訊いてきたのはそれだけだった。そんなに興味があるわけでもない、という調子だった。受験は全く他人事という風な態度でいてくれたことが楽だった。彼女と会っている間は、私も受験のことを忘れられていた。

二歳上の彼女はこの翌日にＳＫＥ48を卒業することが決まっていた。

歌うことが本当に大好きな彼女は、卒業後は上京して次のステップを目指すという。お互いに、これからこんなことをやりたいといった話をした。将来のことを話すのは、学校よりもＳＫＥ48の子とのほうが多かった。彼女たちは高校、大学とレールの上に乗っていない子が多かったので、より真剣に将来のことを考えていると感じていたからだ。

私は大学受験という、言ってみればまたレールに乗り直す進路を選んだ。でも新たな道を選んだ彼女が真剣なように、私も真剣に将来のことを考えた末での決断だ。それぞれの目標に向かって、私も彼女も、どっちも一生懸命に突き進んでいるのは間違いない。それだけは胸を張って言える。

ああ、とにかく終わった

家に帰ると、父には「数学ヤバかった」「ほんとヤバい」そのくらいしか言えなかった。それを聞いた父は、娘が落ちたと覚悟したようだった。私も父のその様子を見て、気分が落ち込んでいった。センターのときのように涙は出なかった。私には引っ越しの作業も残っていた。ああ、とにかく終わった、終わった。

センター試験が失敗に終わり、起死回生を狙って受けた二次試験の手ごたえも、数学の惨敗を考えると、成功からは程遠いものだった。そうなると国公立大学の後期日程でなんとか名古屋の国公立に滑り込むしかない。名大は後期日程では受験ができない。私は名大の二次試験の二週間後に、第二志望の名古屋市立大学経済学部を受験することにしていた。名古屋市大の後期日程の試験は英語だけだった。そこでは英作文が例年出ることになっていて、全く準備をしていない私は高校の先生に添削指導をお願いしていた。二、三度教わると「問題ないけどね」と言ってもらえていた。

東進にも相変わらず朝の十時から夜十時まで、毎日通っていた。試験科目は英語だけなので、それまで数学に時間を取られていた分を取り返して、やりたいことをやれるだけ勉強できた。英作文のために、いろんな例文を暗記したり、名古屋市大の過去問をひたすら解いていた。だが、名大の合格発表二日前から、びっくりするくらい集中力がなくなっていた。教室のブースの中で、ボーッとしていた。

こうして私は名大の合格発表の日を迎えた。

井上貴太先生の一言④

センターの自己採点が終わってから校舎で会ったときは、だいぶへこんでいて、辛そうでしたね。やっぱり数学が本番でコケちゃいましたから。

センターは問題数が多いので、考える時間はないんです。常に手が動きっぱなしでようやく終わるというところなので。特に本番なんかそうだと思いますが、時間がただでさえないのがわかっているのに、一回詰まってしまうと焦るでしょうね。

自己採点を聞いたときには、厳しいな、正直無理かなと思いました。でも彼女の受験勉強を見ていると、やっぱり頑張りがすごくて。名大に入りたくてずっとここまで、友達とのバーベキューも断って、全部受験メインでスケジュールを立ててきたのを知っているので、前期は名大を受けさせてあげたいと思いました。後期の名古屋市大なら大丈夫かなというのもあったので、前期は相当な強気でした。

センター試験の結果を受けてから、志望校を変更することにもリスクはあるんです。二次試験というのは大学によって問題の傾向が全然違いますから。彼女は秋からずっと名大の二次試験対策をやっていました。そこで急に受験する大学を変えると、そこの対策を始めなくてはならなくなるんです。

第9章

合格発表の日

後期試験に備えよう

二〇一五年三月九日。その日の午前十一時までは、私は受験生だった。

その日は高校の先生に英作文の指導をしてもらうために登校した。卒業式は一週間前に終えたというのに、現役生のように制服のブレザーを着て出かけた。

もうコスプレ扱いになっちゃうのかな？

少し気がひけたが、私服で学校に行くのもまだ違和感があった。三日後にある名古屋市立大学の入試も、私は制服を着て出かけることになるのだ。まだ私の戦闘服はこのブレザーで間違いない。私は中京大中京高校の制服を気に入っていた。中学のときはセーラー服だったから、ブレザーとネクタイの制服は憧れだったのだ。

……にしても私、受験生長くやり過ぎだな。

十日ほど前、第一志望の名古屋大学経済学部の二次試験は、英語と国語は順調にこなしたものの、センター試験と同様、数学が壊滅的にできなかった。センターで失敗した分を取り戻さなきゃいけなかった二次試験で、これではダメだ。もう後期試験の名古屋市立大学に賭けるしかない。

昨日の予備校にも、同じ年の三年生の姿は皆無だった。いよいよ受験生活突入の覚悟を決めた二年生たちが、教室のブースを占拠していた。お邪魔します。そんな気持ちで私はその一つを使わせてもらった。

高校がある地下鉄の駅で降りた。私は卒業式も、予備校での勉強を優先して出席しなかった。一、二年生のときはＳＫＥ48の活動で、定期試験もきちんと受けられず、ギリギリで進級していた。二年生の冬にＳＫＥ48を卒業して、やっと毎日学校に通えるようになってからは、受験勉強も含め、ようやく高校生らしい生活をこの学校で送ることができた。

その中京大学附属中京高校の門をくぐり、進路指導室へ向かった。

「おはようございます」

英作文を指導してくれるベテランの男の先生は、授業では教わったことはない。名古屋市立大での英語で必ず出題される英作文は、それまでの受験勉強で全く対策を練っておらず、三日後の入試に向けて、急ごしらえにしても準備が必要だった。担任の先生に相談すると、その先生にお願いして英作文の添削指導の時間を作ってもらえることになり、その日まで三回ほど教わっていた。授業で教えたこともない生徒に、時間を割いてもらって本当に申し訳ないです。その日も心からそういう気持ちで挨拶をした。

「どうだった？」

英語の先生は挨拶もそこそこに、私に聞いてきた。

時計を見ると、午前十一時を過ぎている。地下鉄に乗っているときも、ああ、もう出ちゃってるよ、とは思っていた。でも私のガラケーでは合格発表のホームページにアクセスできなかった。

「あ、えーと……」

いきなり先生に訊かれるとは思わなかったので、そんな返事になってしまった。先生にしてみれば、落ちちゃったかと思ったようだ。

「まだ見ていないんです」

「ああ、そうなんだ。じゃあ、今から一緒に見ようか」

先生はそう言って進路指導室のパソコンを使わせてくれた。私はバッグから、二次試験のときに机の隅に貼られていたテープを取り出した。

受験票は引っ越しの段ボールのどれかに入ったままだった。その使い古されてゴミになりかけたテープにも、受験番号らしきものが書いてあった。

私はパソコンを借りて、名古屋大学経済学部の合格発表専用ページのサイトを開いた。ダメかな、という気持ちが強かった私だが、ページをスクロールするときにはさすがにドキドキして目をこらしていた。

あ、ありました！


それほど時間はかからなかった。

４０６５２
私の番号だった——。

「……あ、ありました！」

おめでとう！　とすぐにならなかったのは、そのテープがあまりにも怪しかったからだ。

いや、大丈夫です。この番号に覚えあります！

「エーー!!」

本来陽気なタイプのその先生は、そこで大きな声を上げた。

「ゴメンね、オレなんかが！　この感動の場にオレなんかで！」

先生の口からは、なぜかゴメンという言葉が飛び出した。

「ご両親に早く連絡しなさい」

そう言われてすぐに父に電話した。だが出ない。そうだ、発表の時間は会社で会議だって言ってた。だが先生と話していたら、すぐに父から折り返しかかってきた。

「受かってたよ！」

その言葉に、父が何と返してきたか、よく覚えてはいない。それでも会議を抜け出して電話してきたくらいだから、相当喜んでいたはずだ。父との電話が終わると、充電を忘れていたケータイが静かに眠りについた。

あ、お母さんの携帯番号が分からない。連絡できない！

「じゃあ、教室行こう。（担任の）谷口先生に会いに行こう」

そう言われて、教室に向かった。

「先生、わたし……」

教室の戸を開けると、谷口先生は部活の合宿で不在だった。「いないのかよ」。英語の先生が思わず、ツッコんでいた。

担任の先生はさておき、私はその後も御礼回りを続けた。受験指導部の先生、国語の古典の先生……。校長先生にも「名大受かりました！」と言ったら、すごく喜んでくださり、校長室まで入れてもらってソファに座らされ、祝福された。傍らの副校長が系列の中京大学の職員の方に電話を入れた。結局不在だったその方は、ＳＫＥ48の握手会に来てくれたことがあったのだ。一時間くらい、いろんな先生に「おめでとう」と言われて、私は学校を出た。当然、英作文の指導はナシになった。

制服にさようなら

走って地下鉄に乗り、家へ向かった。十分足らずの電車の時間がとてつもなく長く感じられた。早くお母さんに伝えなきゃ。だんだんと合格の実感が湧いてきた。地下鉄を降りると、家までダッシュした。外はまだ寒いはずだったが、そんなことは全然気づかなかった。

母はちゃんと家にいた。朝、私を送り出すときはプレッシャーをかけないように、「期待しないで待っておこう」なんて言っていた母だが、合格を伝えると「よかったね！」と心から喜んでくれた。

ＳＫＥ48にいたときから、母には私のハードな生活のことで心配をかけ続けてきた。受験生になってからは模試から入試本番まで毎回、特製の「トイレが近くならない弁当」を作ってくれた。

父から「名大の合格掲示板前で写真を撮ってきて」と連絡が入り、母と二人で記念写真を撮りに行った。合格掲示板の前ではアメフト部の学生が合格者の胴上げをして回っていた。私にも「受かりましたか？」と訊いてきたので「はい、受かりました」と答えた。「胴上げしましょうか？」と言われたが、「いえ、やめときます」と断った。なんか恥ずかしかったし、制服でスカートだったし。隣でやり取りを見ていた母は「すればよかったのに」と言っていたけれど。

二〇一五年三月九日、私はこの日、ようやく制服にサヨナラをした。

井上貴太先生の一言⑤

彼女の成功の一番の理由は、本人がちゃんと目標を持って、計画通りにやった。やらなきゃいけないことを焦らずにちゃんとやっていったことですね。どうしてもみんな難しいことをやりたがるんです。でも彼女は暗記だとか、最初の基礎の部分をちゃんとやっているからこそ、後がしっかりと伸びていったんです。

「合格しました！」

なな子さんから名古屋大学合格の報告をもらったときには、本当に鳥肌がたちました。新規開校のために異動したばかりで生徒が誰もいない校舎で、思わず「やった〜！」と叫んでしまいました。

改めてこの仕事のやりがいを認識させられました。彼女の勝因は、「素直さ」。そして、保護者様の「あたたかさ」だったのではないでしょうか。

エピローグ

今日も名古屋の栄にあるＳＫＥ48劇場では、メンバーたちが汗を飛ばして、ファンまで風が届くような激しいダンスパフォーマンスの公演を行っている。

メンバーだった二年前までとは違って、今では栄の街で大学の友達と普通に買い物に出かけたり、人目を気にせずにスターバックスでたっぷりお喋りをしたりする。

アイドルの二年間、そして受験生の一年間、私はどっちも全速力で駆け抜けた。

ＳＫＥ48時代、勉強はほとんどできずに落ちこぼれた。でも無我夢中で頑張れたＳＫＥ48の二年間があったからこそ、受験生としても全力で戦い続けることができた。アイドル時代に出会ったライバルや、働く大人の姿を見たからこそ、大学受験に強い覚悟で臨むことができたのだ。

私の合格の秘訣は、毎日の日々を、いや、一分、一秒を大切にしていたことだ。

合格するためには何をしなければいけないかということを考えたときに、自分には時間が足りないと痛いほど感じた。これからは他の受験生よりたくさん勉強してやろうと思った。だから一分、一秒の時間を見つけては勉強に使った。

もう一つは名古屋大学という第一志望しか見ていなかったことだろう。センター試験で思い切りコケてしまったときも、志望校を変えるということは微塵も思わなかった。その高い目標がぶれなかったから、厳しい受験勉強を緩めることもなかったし、名大合格のための勉強に集中することが出来た。

大学には全国からいろんな人が集まってくる。同じ試験を乗り越えてきても、その過程はそれぞれで、私みたいに必死で勉強して何とか入ったという人もいれば、さほど苦労することなく受験を通過してきた人もいる。なんでこの人、こんなに頭良いんだろうとビックリしてしまうような人もいる。でも、だから良いのだと思う。努力派、天才派、運派だっているかもしれないが、そんな風にいろんな人が集まるから大学は刺激的で面白い。

今の私は、自分の殻に閉じこもりがちだったSKE48時代を反省して、もっといろんな人と出会って積極的に関わり合おうと思っている。今は「社交期」と位置づけて、何か面白いことがあったらすぐに飛び込んでみることにしている。

実は今、私はまた「受験生」になってしまった。公認会計士の資格を取るために、資格の専門学校に通い始めたのだ。経済学部ということもあり、周りには公認会計士志望の学生が結構いる。大学で案内があった監査法人の職場見学に行ったら、そこでも颯爽と働く女性公認会計士の姿があり、私はやっぱりすぐに「ああいう女の人になりたい！」と思ってしまった。大学の講義の後、週五ペースで専門学校に通い、大学三年生での合格を目指している。大学受験のときと同じ、朝六時に起きる生活に戻った。

服も選ばず、ガラケーしか持たなかった私も、大学生になって再びオシャレに気を遣い、スマホを駆使するいまどきの女子にちゃんと戻った。あのときの私ともし街で会ったら、「お前が頑張ったから、いま私めちゃめちゃ楽しいぞ」と頭を撫でてあげたい。

この本を読んだ受験生や何かを目指している皆さん、「なな子ろびやおき」で一緒に頑張りましょう！

名大の合格掲示板の前で記念写真。この制服も着納めだ

菅なな子（すが　ななこ）

1996年静岡県生まれ。2011年、中学三年生でアイドルグループSKE48の５期生オーディションに合格。得意のダンスが認められ、翌年にはシングル『キスだって左利き』で選抜メンバー入りした。将来のリーダー候補として期待され、NHK紅白歌合戦などにも出演。芸能活動と学業の両立に努力したが、2013年、高校二年生の冬に大学進学を目指すためにグループ卒業を発表、芸能界を引退した。2015年４月、名古屋大学経済学部に入学。同大在学のかたわら、公認会計士資格取得を目指して猛勉強中。

【歌詞引用】

P26『気まぐれロマンティック』（作詞・作曲：水野良樹）
P36『大声ダイヤモンド』（作詞：秋元康　作曲：井上ヨシマサ）
P66『強き者よ』（作詞：秋元康　作曲：上田晃司）

アイドル受験戦記《じゅけんせんき》

SKE48をやめた私《わたし》が数学《すうがく》0点《てん》から
偏差値《へんさち》69の国立大学《こくりつだいがく》に入《はい》るまで

2016年3月25日　第1刷発行

著者　菅《すが》なな子《こ》
発行者　鈴木洋嗣
発行所　株式会社　文藝春秋
〒102-8008　東京都千代田区紀尾井町3-23
電話　03-3265-1211

DTP　明昌堂
印刷所　図書印刷
製本所　大口製本

Printed in Japan　ISBN978-4-16-390432-0